アクティブ・ラーニングへ

——アクティブ・ティーチングから

佐久間勝彦

一莖書房

目次

第2章　教える世界のゆたかさ……45

第1章　学ぶ世界のゆたかさ

「み」の一字が書けるということ

長崎県の小学校教師であった近藤益雄さんは、１９５３（昭和28）年、46歳で退職すると自宅に「のぎく寮」を開設した。知的な制約をもつ子どもたちの教育を、生活全般にかかわりながら遂行しようと志してのことである。「のんき・こんき・げんき」は、近藤さんが子どもと対するときに心に置いたモットーで、多くの教師の心得として今日まで語り継がれている。

近藤さんの著作集にある〝S子との格闘〟は、教育について考えるときの原像の一つとなる（『近藤益雄著作集6　その花はまずしくとも』明治図書）。

S子は3年生で、ＩＱは30そこそこ、一度何かで笑いだすと2～3分は笑いが止まらないような子どもであった。平仮名を教えてみると、それは「なかなかたいへんなしごと」で手間取ったが、自分の名前が書けてその他の平仮名も読み書きできるようになっていった。

ところが、「み」となると、どうしても「ゃ」と鏡文字で書いてしまう。何度教えても「ゃ」と裏返しになってしまうので、どうしたらいいか近藤さんは考え込んだ。黒板に書いた「み」を見て書く。その「み」の上をなでて書く。点線で書いた「み」の上をなぞって書く。手を取りながら書く。思いつくかぎりを試したが、どうしても「ゃ」となってしまう。「み」と向き合う2人の〝格闘〟は、来る日も来る日もつづけられた。

ある日、近藤さんは「見て書く」という目の働きに問題があって、もし指先の感覚だけを働かせるならば書けるのではないかと思った。そこで、タオルで目隠しして黒板に書かせてみると正しい「み」が書けた。しかし、目隠しを取りはずすとまた「や」となってしまう。目隠ししたり取りはずしたりして書きつづけていると、ようやくきちんと書けるようになった。大喜びするS子は黒板いっぱいに「み」を書いて、「のぎく寮」に帰っていく。

その後のS子について、近藤さんは次のように書きつづる。

《その日の夕方、私がかえってみると、寮の庭につくってある6平方メートルのらくがき場に、しろいチョークで「みみみみ……」と300以上も「み」がかきならべてありました。／もちろんS子がかいたものです。「み」の一字が正しく書けるようになったそのよろこびが、無数のおどるような「み」の行列にうかがわれました。》

＊＊＊

短期大学の「教育方法」の授業で「教える・学ぶ」について考えるとき、私は近藤さんのこの実践を紹介する。しかし、最後まで読み通すことはせず、「み」がようやく書けて寮に帰っていくところで止めて、「寮に戻ったあと、S子はどういうことをしたと思う?」と問いかける。

学生はいろいろと想像する。寮の友だちに「書けるようになったんだ」と得意になって話すんじゃないか。ノートに「み」をいっぱい書くんじゃないか。砂場に「み」を書いて、忘れていないか確かめるんじゃないか。こういった推測が出される。

――ほんとうにそう思うの？　たった一字「み」が書けただけだよ。家に帰ったらケロッと忘れて、何かの遊びに熱中するんじゃないの？　このように私は反駁を試みる。なぜなら、誰がどう考えても、たったの一字「み」が書けるようになったにすぎないからである。

しばらく間を置いてから、「6平方メートルのらくがき場に、３００以上の『み』を書き並べた」というくだりを読む。授業後に書かれる感想には、次のようなものがある。

○学生A《何かができるようになることは自信をつけ、次への新たな原動力になるのだと分かった。教師になったら、たくさんの子どもたちの「できるようになる」ことを増やしてあげたい。子どもたちの新たな世界を見せてあげたいと思った。そのためには、子どもが自分の力でできるようになったという実感が必要なのだと知り、ただ教えるのではなく、子ども一人ひとりに目を向け、その子に何のきっかけが必要なのか真剣に向き合い、考え悩もうと思った。》

○学生B《たった一字書けるようになっただけではあるが、その喜びを全身を使ってコンクリートの壁に表現するその姿は、どれだけ先生に喜びを与えたことだろう。何かができるようになるということは、その子どもが嬉しいだけでなく、その姿を見守る教師も

嬉しくなるのだと、当たり前のように思えるが、あらためて実感できた。》

＊＊＊

いろいろと手立てが講じられていくのだが、どうしても「み」の書けなかったS子。ちゃんと書けるようになった決め手は、どこにあったのだろう。タオルで目隠しして、「見て書く」という目の働きが断たれたからか。根気よく繰り返し繰り返し書きつづけたからか――。S子には「あ」や「ぬ」や「め」は難なく書けたように思えるのだが、「み」だけが鏡文字となってしまう。それはどうしてなのだろう。数百の「み」を飽きることなく書き並べて止まないS子の内面を覗きみてみたいと私は思う。

学生Cは、一つの推測を次のように書き記してくれた。

私はS子の話がとても印象に残りました。S子は〝み〟という字を覚えたのか学んだのか。私は、「覚える」はその時頭に入った知識であって、忘れることもあることで、今はまだ知識にはなっていないが、くり返し理解しようとして理解できたときに「学ぶ」となると思いました。

「学ぶ」は忘れません。S子が〝み〟を最初書けなかったのは、覚えようとしていたからなのかなと思います。だから、すぐ忘れてしまう。ですが、目をかくした時、感覚は学ぼうと思ったのではないでしょうか。何回もくり返すうちに〝み〟が書けるようになったS子は〝み〟を学んだのです。

その後のS子の行動は喜びが爆発したようでした。学んだことがわかった時、子どもは嬉しいんだと思いました。覚えようとするのか、学ぼうとするのか。子どもがどちらをするのかは教師しだいです。理解しようとする思いを引き出すことこそが、教師の役目ではないかと思います。


つまり、近藤さんが様ざまに工夫して教えているとき、S子の内面にあったのは「しっかり覚えなければならない」という一念であった。覚えよう覚えようと気が急いて、頭も指も「み」という〝字の形〟をまねることに向いていた。

しかし、目隠ししたとき、「み」と向き合う構えが変わった。「み」という字をしてからだをくぐらせ、自らを「み」という字になりきらせるかのような感覚になった。この意識の転換が「み」をものにさせる道をひらいていったのではないかというという推測である。

＊＊＊

林竹二さんは「学ぶということは、覚えこむこととは全くちがったことだ」と私たちを戒める。そして、次のように指摘する。

――学ぶとは、いつでも、何かがはじまることで、終わることのない過程に一歩ふみこむことである。一片の知識が学習の成果であるならば、それは何も学ばないでしまったことではないのか。学んだことの証はただ一つで、何かがかわることである(『教えるということ』国土新書)。

「丸暗記に努めて覚え込んだ知識」が停留する期間は短い。しかし、どの脈絡に納まると落ち着くか、その根付き先をまさぐるようにして向き合って身につけた知識は、思いのほか留まりつづける。思いもよらないところで眠りから覚め、すっくと立ち現れることがある。

「み」の書き方は、いとも簡単に覚える子どもが多い。しかし、立ちはだかる厚い壁に囲まれ、苦闘を重ねる子どもは、S子のほかにもいるだろう。そういう子どもにとって、「書けなかった一字が書けるようになる」ということは、「×だったものが、○に変わる」というような単純な話で終わりえない。閉じられ塞がれていた密室から身が開け放たれて、さわやかな風をたっぷり吸い込んで足取り軽く歩き出す。湧き上がってくるその波動は四方にひろがり、「このような力もあったのか」と自分がいとおしくなる。

「学ぶ」といういとなみは、たしかに「何かが変わり、終わることのない過程に一歩ふみこむ」ことである。その場に居合わせると、教師は「教える」といういとなみの「終わることのない過程」に身を置いている喜びをかみしめ、次の実践へと心を向けていく。

「遠い異国からの旅人」は、未来からやってきた留学生？

ある日、星の王子は一輪のバラと気まずくなって、ちっぽけな自分の星を去って旅に出た。立ち寄った星は７つ。権威をふりかざして威張り散らす王様の星、人に感心されたくて仕方ないうぬぼれ男の星、酒に溺れて殻にこもる呑み助の星、宇宙の星を独り占めしようと金計算に余念のない実業屋の星、街燈を灯しては消す日課をまめに務める点燈夫の星、探検家に証拠を持ってこさせて著述に没頭する地理学者の星。

そして、地理学者に勧められて立ち寄ることになった７番目の星は、広大な地球であった。そこには先々の星で出会ったような人が大勢住んでいて、また、遠くに残してきたあの花と同じバラが５０００本も咲きみだれる庭もあった。

仲よしになったキツネは、そっと教えてくれた。「いま、こうして目の前に見ているのは、人間の外側だけだ。一ばんたいせつなものは、目には見えないのだ……。目では、なにも見えないよ。心でさがさないとね……。たいせつなことはね、目に見えないんだよ」と。星が美しいのは目に見えない花が一つ咲いているから、砂漠が美しいのはどこかに井戸を隠しているからである。そして、王子さまの寝顔を見ると涙が出るほどうれしくなるのは、王子が一輪のバラのことをいつまでも忘れずにいるからであった。

地球に来てちょうど1年となる日、星の王子はぼくの描いた「ヒツジとヒツジを入れる箱と口輪の絵」を持って、一輪のバラのもとへと帰っていった（内藤濯訳『星の王子さま』岩波書店）。

＊＊＊

学生は未来からの留学生である。――これは慶応大学が1990（平成2）年に湘南藤沢キャンパスを設立するに際して、加藤寛さんが唱えた至言である。「彼らは過去から来た学生ではない。未来からの留学生である。彼らの故郷は未来にある。やがて、彼らは故郷に帰っていくのである（『慶應湘南藤沢キャンパスの挑戦』東洋経済新報社）。

この斬新な着想に、私は目がひらかれた。目の前に居る学生は小中高校を卒業して入学し、大学を卒業すると自分に合った職業にそれぞれ就いていく。そういう道筋を歩んでいるのではなくて、遠い「未来」からはるばる留学してきて、やがては「未来」に帰っていくというのである。

そのように認識するならば、どのように「留学生」に対していったらいいのだろう。加藤さんは述べる。――とすれば彼らに過去の知識を受け売りしても仕方がない。彼らの社会は未知の社会であり、未知の問題を解決する能力を育成することが教育なのである（「教育に忘れてはならない、五つの原則」『今、中学・高校教師に望むこと』品川女子学院教育研究所）。

20年先、30年先、いやもっと先の「未来」にどのような問題が浮上するか、それは誰も推しはかることができない。大学は、これまで蓄積されてきた知識や技術のなかの選りすぐりを留学生に承継していく。しかし、それにとどまることなく、直面する難題がどのようなものであっても真摯に向き合い、ねばり強く対処していく現場力を磨き鍛えていかなければならないのだ。

今の時代、iPS細胞の発見や青色LEDの発明など科学技術の進展は目覚ましく、未来はその恩恵を大きく受けることになるだろう。しかしその一方で、2015年1月22日の報道によれば、地球温暖化と核軍縮の停滞が主な理由で、地球滅亡までの時間を概念的に示す「終末時計」は、残り時間「3分」を示した。東京電力福島第一原発からまき散らされている放射性物質の半減期は、セシウム137の場合は30年である。

私たちがつくってしまったそのような環境を苦々しく思いながらも、知恵を絞りあって「希望のもてる社会」を築いていきたい。そのような志をもって留学してきた学生である。

＊　＊　＊

子どもは十ヶ月かけて、遠い異国からやってきた旅人です。無一文で、スーツケース一つ持たず、衣服もまとわず、コトバも知らず、ある日両親のもとへ、ひょっこりと訪れた旅人です。

――このように述べるのは、詩人でエッセイストの浜文子さんである（『祝・育児』小学館）。

一昨年、初孫が誕生した私は「いのち」の崇高さと母の存在の偉大さをひしひしと感じてきた。しかし、孫を「遠い異国から長い月日をかけてひょっこりと訪れてきた旅人」として迎える感性は、もちあわせることができなかった。

この言葉はなんとも素敵な認識で、孫を見る目を大きく変えることになった。「遠い異国」からはるばるやってきた旅人は、片言のコトバも交わすことができず、心細さでただただ泣くだけである。浜さんは「コトバは分からなくとも、食物を与え、微笑みながら話しかければ、異国からの旅人も、〝ここは居心地がよい〟と感じ、〝ここに居て良いんだ〟と心が安定し、〝この人に頼ればいいんだ〟と信頼も芽生えます」と、旅人の迎い入れ方を教える。

「○か月になると○○が出来るようになる。○○のときは○○したほうがいい」といった情報を並べる育児書に取り囲まれると、子育てに自信がもてなくなる。同い年くらいの子をもつ親と言葉を交わすと、互いに比べあっては、我が子の遅れているところに目が行って沈痛な面持ちになる。そういう母親は少なくないだろう。

「異国からの旅人」と暮らしはじめることになった母親に、浜さんは温かいまなざしで語りつづける。「子どもの成長を分析し論ずる視点は学者や専門家の方々にお任せし、お母さん方は一切の分析や評価ぬきに、ありのままのあなたを「母」と認め、無心に慕い求めるわが子の姿に、素直に心を打たれるところから育児を始めてください」（『お母さんと呼ばれるあなたへ』Ｇａｋｋｅｎ）。なんと心強いエールであろうか。

泣きわめいていた赤ん坊は、母に抱かれると安らかさを取り戻していく。その面持ちには

「ちょうど旅する人が、列車の中で自分の指定席を見つけ、そこに腰を下ろしホッとしているような雰囲気」がある。「子どもは、うんと小さいときも、そしてかなり成長してからも指定席を求めます」と付け加える浜さんである（『お母さんと呼ばれるあなたへ』）。

＊＊＊

「未来から訪れた留学生」と「遠い異国からやってきた旅人」、この2つの指摘に出会って、私はすがすがしい風につつまれている。そして、浜さんの言う「旅人」は、加藤さんが言う「留学生」なのではないかと思うようになった。

旅人は、ある日、無一文で衣服もまとわずひょっこり訪れてきたが、実は遠い「未来」からはるばるやってきた留学生である。母からはもちろんのこと父や家族に懇篤に育てられ、そして学校で教養を深めたならば、故郷である「未来」の時代に帰っていく。

詩情あふれるエッセイを私たちに届ける浜さんには、育児という世界を俯瞰するまなざしがある。つまり、「未知だった他者と、親子という立場で〝絆〟を結び、やがて大人同士として離れていくという過程で、〝出会い〟と〝別れ〟を内包する深い世界」が育児である（『子どものとなりで親になる』立風書房）。

この認識は、そのまま学校にあてはまるだろう。教師は児童・生徒・学生の一人ひとりと巡り合って教育にあたるのだが、彼らはやがて自分の歩幅で歩み始める。教師たちと数多くの〝出会い〟を重ね、また数多くの〝別れ〟を重ねながら内に秘めた力を磨き鍛え、そして、故郷である「未来」へと旅立っていく彼らである。教師は、それぞれの生きる「未来」を見据えて教育にあたっていかなければならない。

世界の果ての通学路
——子どもたちはなぜ命懸けで、毎朝学校に通うのだろう

ケニアのジャクソン君（11歳）は妹のサロメさん（7歳）と、片道15㎞の道のりを2時間かけて学校に通う。小走りで横切るサバンナの草原には、ゾウやキリン、シマウマなどの野生動物が生息している。1ｍほどの木枝を手に携え、周囲の状況にたえず気を配って、危険を感じたならば草陰に身を潜めて時を見はかる。無事に学校に着けますようにと、両親は毎朝祈りを欠かさない。

ザヒラさん（12歳）はモロッコのアトラス山脈の辺境に生まれ、家族のなかで初めて学校に通う身となった。冬になると気温はマイナス20度まで下がり、雪が数か月にわたって降る。片道22㎞を月曜の朝早くに家を出て4時間、途中で友達2人が加わって歩きつづける。街に入ると、手提げ袋に入れて来たニワトリを食料と交換する。寮での生活を5日つづけ、金曜の授業を終えると家路に戻る。

アルゼンチンのアンデス山脈の一隅で、羊飼いの息子として生まれたカルロス君（11歳）は、片道18㎞の道のりを馬に乗って学校に通う。妹のミカイラさん（6歳）が学齢になったので、1時間30分、2人を乗せて馬が行く。天候が変わりやすい石ころだらけの山道を踏み外さずに

歩む馬。大人になったら獣医になって、地元に貢献しようと思うカルロス君である。

インドのベンガル湾沿いの漁村に生まれたサミュエル君（13歳）は、足が不自由で一人では歩けない。オンボロの車いすを弟2人が押して引いて、1時間15分かけて片道4㎞の道のりを登校する。少しでも近道しようと思って小川を渡ろうとすると砂にはまり、街中に入ってスピードを出すとタイヤが外れる。が、そういうハプニングも楽しむかのような道中である。校門を入るや友達が駆け寄って迎え、先生は「無事に登校してくれてありがとう」と、一言言って授業を始める。

＊＊＊

ドキュメント映画『世界の果ての通学路』(On the way to school) は、どうしても早くに見たかった。6月末の土曜日、小雨の中を渋谷の小映画館に出かけると、50ほどの座席は親子連れや年配者などで満席となり、目の前のスクリーンに映像がひろがった。

カメラは学校に向かう4組の子どもたちに同行して、その姿をフィルムに収める。時には遠くから眺望もして、それぞれの通学の道行きを撮影する。キリンの群れを遠目に「急げ、遅刻するぞ、離れるな」と小走りする兄妹。足を痛めた友をマッサージし、ひとつ心に下山していく少女たち。よくも走れるものだと感心してしまうオンボロ車いすを上手く使いこなす兄弟たち。目をいくら凝らしても見えることのない、ずっとずっと先に在る〝学校〟へとたゆみなく歩む子どもたちは、何とも精悍である。

この映画を観た人たちは、その感動をインターネットに思い思いに書き綴る。

○あんなに小さい子どもたちが自分の足で何時間もかけて学校を目指す様に、ただただ尊敬の念。厳しい通学風景の中でも、無邪気な子どもらしさが垣間見え、ほっこりした。
○人が前に進む手段は足と志だという普遍の真理が淡々と心を揺さぶる。
○人は何も持たずに生まれてきて、何も持たずに死んでいく……。そんなことを小学生のときに理解しているなんて、通学の困難さ以上にすごいと思った。
○子どもが夢を語るときの表情って、なんであんなに輝いとるんだろう。
○自分の障害をみんなが支えてくれ助けてくれた。今度はぼくが医者になって、同じ苦しみを味わっている人を助けてあげたい。この言葉が忘れられません。

ケニアのジャクソン君とサロメさんは、4月初め、映画公開に合わせて東京に招かれた。2人はテレビに出演して、次のように英語で語った。

ジャクソン君《学校への道のりですが、大変な道のりではありましたが、それは知識を習得するための道のりであり、その知識はのちの人生に役立ってくれるものです。自分の将来を救ってくれるのは、教育しかありません。たとえ学校に行く道に危険はあっても、学校に行くことじたいがいいことなのです。本来、学校は忙しい場所で、やるべきことはたくさんあるし、真剣にやらなきゃならないことだらけで、先生も本も自分をより高めるためにある。やるべきことはたくさんある。未来がいいものになるなら苦じゃない。学校は明日のためにチャンスをつかむ場所です。》

サロメさん《もっともっと勉強がしたいです。将来自分と家族の助けになるために。》

＊＊＊

彼らはなぜ命懸けで、毎朝学校に向かうのだろう?——映画はテロップで、こう問いかける。ほんとうに、なぜに彼らは15㎞、22㎞も離れたはるかかなたに在る学校へ、身の危険を顧みずに何時間もかけて通うのだろう。

学校というところには、それほど子どもを引きつける何かがあるのだろうか。真剣に取り組まなければならないことがぎっしりあって、自分が少しずつ高められていると実感できるところなのだろうか。

彼らが数時間かけて通うその通学路は、学校に向かうただの道ではない。それは、間違いなく〝もう一つの学校〟として存在している。頼れるのは自分たちのみという道行きを、自らを深く見つめ、家族に思いを馳せ、自然の〝巨きさ〟をかみしめて歩く。「生きる」という重い問題を、からだとこころとあたまで考えて歩む〝学校〟である。

人は何も持たずに生まれてきて、何も持たずに死んでいく……。この理(ことわり)は、学校の教室で先生に教えられたものではない。通学する道すがら、悟りが扉をひらくようにしてつかみとられてきた「人生というもの」である。

＊＊＊

現在、学校に行けない子ども（6～14歳）は世界に約５７００万人いて、世界の成人の６人に１人は読み書きができないという（ＥＦＡグローバルモータリングレポート）。

学校に行きたくても行けない子ども、学校に行けても行かない子ども、学校に行きたくなくて行かない子ども、学校に行きたくないがしかたなく行く子ども、そういう子どもがいて、そしてまた、学校に行きたくて行く子どもがいる。学校って、いったいどういうところなのだろう。

２０１４（平成26）年8月5日、ＡＦＰ＝時事通信は、パレスチナ自治区ガザ市の学校の黒板に「Gaza 2014」と書く一人の子どもの写真を配信した。イスラエルの砲撃が学校をもそのターゲットとしていたことを知り、私は愕然とした。教室の黒板や壁には砲弾の貫通で大小数十の穴が空き、床には板壁などが崩れ落ちている。舞い散った粉塵で白くおおわれた黒板に、少年は指で「Gaza 2014」と書く。つい数日前まで勉強していた教室の、ほこりをかぶった黒板に「学校が終焉したこと」を書きつける少年である。その指先を見ると、さらに何かをそのあとに書き足そうとしている。何を書き加えたのだろう。

アフガニスタン各地では、２００１（平成13）年9月11日の同時多発テロに端を発してからタリバン兵士を掃討する戦闘が激化した。ひとまずは落ち着きを取り戻すことになって、平常に戻りつつある難民キャンプの様子がテレビで放映された。そのキャンプでは、冬空のもと、きわめて貧しい衣服の小学生30〜40人が地べたに座っていて、先生が立っている。黒板も椅子も机もなく、教科書も参考書もノートも鉛筆も消しゴムもなく、ノートの代わりをするのは地べたで、鉛筆の代わりは指や石がしていた。

梶田正巳さん（認識心理学者）は、このテレビを見ての感銘を次のように書き記す（『勉強力をみがく』ちくま新書）。「まったく何もないのである。勉強の環境としては、これ以上悪いものはないなかで、ただひとつ強烈にその存在の光っていたものがあった。／子どもたちの学ぶ熱意である。ニュースの映像は、それをありありと伝えていた。報道記者の質問に、子どもたちは、いま勉強が一番楽しい、字を憶えたいし、算数ができるようになりたい、とはっきり答えていた。それが素直に受けとめられる光景であった」

津田梅子さんが女子英学塾（津田塾大学の前身）の開校式で語った式辞も思い出す。津田さんは明治政府の女子留学生第1号として7歳で渡米し、11年間の留学を終えて１８８２（明治１５）年に帰国した。それから18年を経て１９００（明治33）年に開学した英学塾には、10人の入学生があった。

式典は借家である同塾の10畳ばかりの日本間で挙行され、津田さんは「わたくしが十数年教育事業に関係いたしております間に深く感じたことが２つ３つあります」と式辞を切り出した。それは、私学の創立者であれば、建学にあたって誰もが心においたであろう、次のような思いである（山崎孝子『津田梅子』吉川弘文館）。

○ほんとうの教育はりっぱな校舎や設備がなくてもできるものであること
○物質の設備以上にもっとたいせつなものは、教師の資格と熱心と、それに学生の研究心とであること
○真の教育をするには、少人数に限るということ

世界の果てでは、今日も朝早くに家を出て、はるかかなたに在る学校へ通う子どもがいる。このことを忘れないでいたい。

朝の光景でいちばん美しいのは、制服を着た子どもが歩いている姿だ
——幼いマララさんに父が語ったこと

この日（２０１４・平成25年11月10日）の10時15分過ぎ、マララさんはバーミンガムの高校で化学の授業を受けていた。教室に入ってきた先生に「ノーベル平和賞おめでとう」と言われて驚いた。歴代最年少となる受賞の理由は、「子どもや若者への抑圧と闘い、すべての子どもの、教育を受ける権利のために奮闘したこと」である。

その後ふだんどおりに物理と英語の授業を受けたマララさんは、放課後になって記者会見に臨んだ。

——この賞は「身に着けたり部屋に置いたりするだけのメダル」ではない。「受賞したことでおしまい」ではなくて「始まりに過ぎない」。なぜなら、「いまだに５７００万人もの子どもたちが教育を受けられず、小学校にすら通えていない」からだ。

マララさんのスピーチは、しだいに熱気を帯びた。——他人が行動するのを待っていてはいけない。子どもたちの声はずっと力強いのです。子どもは弱者かもしれない。でも、誰も何も言わない時に声を上げれば、みんなの耳に届くほど、大きく響かせることができるのです。

＊＊＊

マララさんは1997年、パキスタンのスワート渓谷に生まれた。『わたしはマララ』（学研パブリッシング）を読むと、それまでの17年、彼女は父母から受けてきた教えを滋養として、身のまわりに生起する現実と真摯に向き合っていた。

母は6歳になって学校に通い始めたのだが、女の子を学校に通わせようとする家は他になく、1年も経たないうちに登校をやめた。読書家の父は母のために詩を書いて贈ってくれるが、それを読むことができず、学校に通わなかったことが悔まれた。「知識ほど貴重なものはない」と考える父は、「新しい時代の声を求めて」と呼びかけて小学校をつくった。初年度の入学生はたった3人であったが、マララさんが誕生するころには100人もが通う学校になっていた。彼女は3～4歳になると小学生のクラスに入れられ、〝教室の空気〟のなかで日々を送るようになった。

ある日、ネズミが走り回るゴミ山に、ジャガイモの皮とタマゴの殻を捨てに行かされた。そこには、髪をバサバサに伸ばした同い年くらいの女の子がいて、空き缶やビンのふたなどを拾い集めて袋に入れている。「お父さん、あの子たちをただで学校に通わせてあげてよ」とせがむ彼女であった。

過激派タリバンがスワートに入ってきたのは、10歳のとき（2007年）である。翌年末までに400もの学校が破壊され、「すべての女子校を閉鎖する。女子が学校へ行くことを禁止する」と声明が出された。父は言い切った。――教室が一つきりになっても、教師が一人、生徒が一人になっても、教育をやめない。

学校に通って本を読んだり問題を解いたりしてきているが、それは「ただ時間を費やしているだけ」のことではなくて「未来を作っている」。このことに思い至った彼女は、タリバンには「ペンや教科書を奪うこと」ができても、「考える力を奪うこと」はできないと確信した。

イギリスのBBCに、タリバン支配下で暮らす人びとの実情を報告してほしいと打診されると、命が狙われる身になることを覚悟のうえで、彼女はそれを引き受けた。

２０１２年10月９日は、母が数十年ぶりに教室で授業を受ける日であった。その日、マララさんは定期試験を終えて、３人の先生と20人の女子生徒とワンボックスカーで家路に向かった。カーは軍隊の検問所を過ぎてしばらく行くと急停車させられた。若い男が乗り込んできて、「どの子がマララだ?」と問い詰めたが誰も答えない。しかし、一人だけ顔を隠さずにいる彼女のほうに目が向けられたとき、３発の銃弾が放たれた。左目脇に命中した１発は首を通って左肩あたりで止まり、彼女の意識はそのとき途絶えた。

「答えるチャンスは与えてもらえなかった。答えることができたとしたら、女の子が学校に行くのを認めるべきだ、あなたたちの娘や妹も学校に行かせるべきだ、と言ってやれたのに」と、彼女はそのときのことを悔やむ。

重体に陥った彼女は、医療装備の整った現地の病院で５時間にわたる手術を受けた。病態は安心できる状態ではなかったので、１週後にはイギリスの病院に搬送されて専門医の治療を受けることになった。襲撃事件とその後の彼女の容体についての報道は全世界に流され、病院には彼女の恢復を祈るカードが８０００通、世界各地から届いていた。宛先を見ると、そのほとんどが「バーミンガム病院のマララへ」「バービンガムにいる、あたまをうたれた女の子へ」と書かれている。彼女はこの宛先で「ちゃんと届いたのがすごい」と驚くとともに、「世界中のみんなが、わたしの命を救ってくれた」と胸を熱くした。

＊＊＊

２０１３年7月12日は16歳の誕生日である。この日、マララさんは国連に招かれてニューヨークの同本部で20分のスピーチを行った。

○テロリストたちは、わたしの目的を変えさせてやろう、目標をあきらめさせてやろう、と考えたのでしょう。でも、わたしのなかで変わったことなど、なにひとつありません。あるとすれば、ひとつだけ。弱さと恐怖と絶望が消え、強さと力と勇気が生まれたのです。
○過激派は、本とペンを恐れていました。そしていまも恐れています。教育の力が怖いのです。彼らはまた、女性を恐れています。女性の持つ力が怖いのです。
○世界の無学、貧困、テロに立ち向かいましょう。本とペンを持って闘いましょう。それこそが、私たちのもっとも強力な武器なのです。一人の子ども、一人の教師、一冊の本、そして一本のペンが、世界を変えるのです。教育こそ、唯一の解決策です。まず、教育を。

無学と貧困とテロに立ち向かう後ろ盾となるのは教育であって、なんびとも教育を受ける機会を奪ってはならない。道理にかなったスピーチが終わると、会場にはスタンディグ・オベーションが起こった。母は横で泣いていて、父は「マララが、世界じゅうの人たちの娘になった」と喜んでいた。

2014年12月10日、ノーベル平和賞の授与式がオスロで挙行された。その式典にマララさんはパキスタン・ナイジェリア・シリアから、教育の機会が奪われて辛酸をなめている5名の少女を招待して、次のように訴えた。

○「強国」と呼ばれる国は、戦争を生み出すことには力を入れるのに、平和をもたらすことにはどうして力が入らないのでしょうか。銃を与えることはいとも簡単に行うのに、子どもたちに本を与えることはどうして難しいのでしょうか。戦車をつくることはいとも簡単に行うのに、学校を建てることはどうして難しいのでしょうか。
○男の子や女の子が子ども時代を工場で過ごすことも、女の子が幼いうちに結婚させられることも、戦争で子どもの命が失われることも、子どもが学校に通えないことも、女の子が教育を受けることは権利ではなくて犯罪だと言われることも、もうこれで終わりにしましょう。この「終わり」を一緒に始めましょう。

ノーベル平和賞はこれまで、マーチン・ルーサー・キング、ネルソン・マンデラ、マザー・テレサ、アウン・スー・サーチンに授与されている。カイラシュ・サティアルティさんと共に同賞を受賞したマララ・ユスフザイさんのスピーチは、私たちを覚醒させる堂々としたものであった。

＊＊＊

『わたしはマララ』のなかに、「そうだよな」と心が温かくなる言葉があった。マララさんが幼いころに父に聞かされた言葉、「朝の光景でいちばん美しいのは、学校の制服を着た子どもが歩いている姿だ」である。

子どもたちが心はずませて学校に向かう風景をながめて、「美しい光景だ」と見とれてしまう。父が学校づくりに奔走する根っこには、このみずみずしい感性があった。そして、その感性はいつとはなしに母に、またマララさんにも宿っていった。母が学校に通い始めようと一念発起したのも、マララさんが「すべての子どもたちに教育を」と命を懸けての訴えをやめないのも、明け方のすがすがしい登校風景に、〝未来を切りひらく力〟を感じ取って生まれている。

私はそのように思う。

マララさんの受賞スピーチには、次のようなくだりがある。
――私たちは教育を渇望していました。なぜならば、私たちの未来はまさに教室のなかにあったのですから。共に席に着き、本を読み、学びました。きちんとした制服に身を包むのが大好きで、大きな夢をいだきながら着席したものでした。

颯爽と学校に向かう子どもたちの姿を目にすると、からだがあたたまってくる。それは世界のどの地域でも変わりない。高村光太郎はその火照りを「冬の子供」に詠った。

冬の子供

高村光太郎

まっかな頰ぺたと、
まっかな耳と、
まっかな唇と、
まっかなまるい小さい手と。
みんなまるまる着物をきて、
まっしろな霜の朝、
かたいガラス張の空気を割るやうに、
飛んで来る五六人の子供。

小さな蒸気汽罐のやうに、
みんなほつほと白い煙をはきながら、
あとからも、あとからも、
魔術のやうに、地面から湧いて、
横にさす朝日の中を
飛んで来る幾百人の子供。
男の子も、女の子も、
なにか珍しい国語で
不思議なことでも叫んでゐるやう。
見てゐるとひとりでにほほゑまれ、
世の中が大きくなり、
しまひにあははと笑ってしまふ。
ほら、
学校の鐘が鳴る。

＊『高村光太郎全詩集』（新潮社）によれば、「冬の子供」は１９２２（大正11）年12月8日に作られ、雑誌『ローマ字』（大正12年1月号）にローマ字書きで発表された。この詩は１９４５（昭和20）年１

月出版の『道程』再訂版に、国字に改めて収録された。なお、8行目の「五六人」は「ごじゅうろくにん」ではなく、「ごろくにん」と読む。

学びつづける楽しさをともに味わう
——教員免許更新講習での一日

猛暑のつづく8月初旬、「教員免許更新講習」が大学で行われた。私の担当は小・中・高・特別支援学校に勤める44名の教師たちとの「社会科と総合学習の指導法」、9時から16時に至るプログラムの構成は次のとおりである。

Ⅰ　教材には2つがある——「ある教材」と「つくる教材」
Ⅱ　子どもが集中する授業には共通点がある（1）——unknown question をめぐる追究
Ⅲ　子どもが集中する授業には共通点がある（2）——子どもに考えさせたいこと、それは、教師の考えたいこと
Ⅳ　どうしたらフィールドワーク学習を楽しめるか

社会科と総合学習の指導法——講座名はこのようになっているが、指導法というのは教科によって異なるものではない。どの教科であっても、また子どもの発達段階などが異なっても授業の原則が変わることはない。

ただ、授業で扱う教材はその成り立ちによって、「ある教材」と「つくる教材」に分けられる。「ある教材」とは、例えば「ごんぎつね」といった文学教材や「秋の虫」といった音楽教材、「前まわり」といった体育教材などで、特定されて眼前に「在る」ものを言う。この種の教材の場合に教師が力を注ぐことは、ゆたかに深く教材を解釈すること。そのことに尽きている。

これに対して、社会科や生活科・総合学習で扱う教材は「つくる教材」と呼ばれる。社会科教科書の記載は、国語教科書の掲載する「説明文」とは異なる。教師はその記述に即しながら理解を深めさせてもさしつかえない。しかし、その記述は教材ではない。

教師がすることは、教科書の記述を視野に入れながら、「なぜだろう」と疑問をいだかせて追究を促し、社会認識をはぐくむ教材を自らつくることである。教材の〝芽〟はさりげない顔をして身のまわりに存在していて、発掘眼のある教師によってすくい取られ教材につくりあげられていく。

教材のこの2つの違いについては、短歌「聞く耳をもたぬ子どもら多くなり疲れて帰る夕べの寒し」（ある教材）と「ちばらき県ということ」（つくる教材）のミニ授業を行って明らかにした。

＊　＊　＊

子どもが集中してこよなく楽しむ授業があれば、集中力がしだいに失せて萎えていくものもある。それは「ある教材」であろうと「つくる教材」と変わりない。

子どもたちを引きつけて離さない授業に共通することは、何か。それは授業が「unknown question をめぐって展開されている」ことと、「子どもに投げかけられている問題が、教師も明らかにしたい切実なものとなっている」ことと言っていい。問われていることの答えが教科書を読めばその数行あとに書かれていたり、資料集のどこかに説明されていたりする。そういう授業に集中していくことは難しい。「お前たちは知らないだろう」と、教師の知っている知識を授けられていく授業にも心は動かない。

すでに明らかにされている「known question」をめぐって行われていては、子どもの知性はみがかれることがない。「子どもは大人より知識はないかもしれないが、大人と同じく知的なのだ」「教師が面白がると子どもも巻き込まれるのだ。というよりも、教師にとって面白いことが子どもにとっても面白いのだ」と宮崎清孝さんは指摘する（『総合学習は思考力を育てる』一莖書房）。

どう考えたらいいのだろうと、迷いながら考えあぐねる。そういう授業の面白さを体感するために行ったのは、「千葉市民の私は習志野市長選挙・習志野市議会議員選挙に立候補できるか」と、3億円強奪事件の最大の被害者である草野信弘さんに身を寄せての「人間にとって最もたいせつなものは何だろう」の授業2つである。

プログラムの最後に、作家の椎名誠さんが母校の幕張小学校6年生に行った「人生は探検だ！」のビデオを見た。フィールドワークを楽しむ学びはどうしたら生まれるか、その条件を模索するためである。同校の子どもたちは幕張メッセのビル群を眺めながら過ごしている。つい数十年前の海岸線はどこにあったか、そのようなことは気に留めたことがない。たったの数十年（埋め立て事業は１９７２・昭和47年に始まった）で、幕張の街は大きく変貌した。その街中へ次の３つの探検隊が繰り出された。

① 昔の陸と海の境界岸線を探すグループ
② 汚れきっていると聞く花見川を実際に見てくるグループ
③「イモ小」と呼ばれていた幕張小の学区にサツマイモ畑が今もあるか調べるグループ

こんにち「形だけの質問」をかわして学校へ戻り、「形だけの発表」をしあって終える校外学習が少なくない。フィールドワークに子どもが出向きたくなるのはどういうときか。どのような学びが教室の外で行われると、その報告に心を躍らせることになるか。

すがすがしく学ぶ子どもたちの映像を見て考えあっていると、県内各地の各種の学校から集まっている教師たちは、いつの間にか「学びあう仲間」になっていた。

＊　＊　＊

一日をふりかえって感想が書かれた。それらを読むと、「学びつづける」ことを願う教師たちと共に過ごしたことが知らされた。たとえば、ある教師は次のように述べる。

今日の学習は社会科と総合学習なのに、なぜこの短歌から始まるのだろう。私はこれから何が始まるのかわくわくしました。この短歌をいろいろな立場から考えることを私たちから引き出してくださいました。淡々とうなずきながら聞いていただけると、〝何を言っても大丈夫。受け入れてもらえる〟と思え、ゆっくり考えることができました。私も子どものいろいろな意見に共感しながら学習を進めていこうと思いました。

銚子と波崎の話題が出たときに、私はあっと思いました。私の母は銚子へ嫁に行きましたが、ことあるごとに波崎町の話をするのでなんとなく「なぜだろう」と思っていました。そのような漠然とした疑問が〝教材〟になることに驚きました。そして、社会科の教材であったのに、〝人びとの生活は、行政区画で分けられるものではない〟という言葉で終わったとき、「あぁ、そうなんだ。今日この話を聞いてよかった」と素直に思いました。このような気持ちを子どもにももたせられるように、私が学び続けなければいけないと思いました。

市長や市議会議員の選挙のときに、「隣や周りの人と話してもよい」と言われ、大人なのにほっとしてしまいました。ときには、周りの人と考えを共有したり、知っていたように思っていたけれどよくわかっていないことがあることを気づかせていくことが、子どもの興味・関心をそそるものだということに気づきました。

考えてほしい、わかってほしいことは、まず私が考えてみること、わかっておくことが学習の広がりにつながることをいつも頭に入れて、学習を進めていきたいと思います。私も子どもとともにいろいろなものに触れ、感じ、調べていきたいと思います。（小学校教師・40代）

次のような指摘は随所にある。「そうだよな。学ぶってこういうことだよな」と共感しながら、私は感想を読み進めた。このように真摯でやわらかい資質をそなえた教師に教え育てられている子どもたちは何と幸せであろう。

○短歌の導入は、自分の決めつけていた解釈の甘さに、はずかしくなりました。いろんな考えを聞いていくうちに、自分は普段、子どもたちのたくさんの声を聞き出していないのではないかと不安になりました。市議会議員と市長への立候補資格については、疑問を残したまま終わってしまい、その先の先生の声を待っていました。しかし、結果が出ない終わり方で、私たちに学びつづける教師であれと、言っているのですよね。（小学校特別支援学級教師・30代）

○「ある教材」はそこに実在しているが、教師が「これは、どういう意味なのだろう」と好奇心をもち、気に留めなければ教材にならないだろう。「ある教材」を本当の教材に変えていくのは、やはり教師の仕事である。そして、子どもたちが自分の意見を互いに伝え合わなければ、これだけ多くの解釈があり、「5・7・5・7・7」の短歌の中にこんなにも面白さがあることを味わえなかったはずである。（小学校教師・30代）

○「ちばらき県について」でも、「習志野市市長選・市議会議員選について」でも、明確な解答はなく、何かちょっとモヤモヤとした気持ちが残っている。しかし、どの問題においても、すごく考えたなぁ、どうしてだろうという思い、そして、そのことについて追求してみようと思う気持ちが残っている。

フィールドワークの学習では、どうしても事前に下調べをし、質問を考え、その質問を誰がするのか、どうやってするのかまでを決め、練習してから出て行くことがほとんどであった。しかし、そうではない。子どもたちの持っている知のかたまりをほぐし、教師が上手く気持ちを持っていく、そして、言葉や知識の広がりを日頃の授業の中からも育て、子どもたちの探究心をさぐり、広げていかなければならないと思った。（小学校教師・40代）

○どの学年でも、一年に最低一回は、教師が思いきって「これでどうだ」というくらいの準備をし、表面にそんなことはおくびにも出さず、まるでイチローのように涼しい顔をして子どもたちを感激させたり、ワクワクさせたりする時間を作ってあげたい。（小学校教師・50代）

○人間にとって最もたいせつなものは何だろう」では、考えさせられることが多くありました。最終的に、自分自身は教師として「真実を見ることを子どもたちに伝える役割」をもっていることを再確認しました。教師である自分自身が人間として魅力的になり、子どもたちが学びたくなるような指導を行いたいと思いました。(小学校教師・40代) 基礎的な積み上げと学ぶ楽しさをあわせもった指導を心がけていきたいです。(小学校教師・40代)
○年齢を重ねるごとに授業の指導方法なるものは身につけてきましたが、いろいろと忙しいことを言い訳に充分な教材研究や新しい教材開発に取り組めていない自分に、嫌気も感じていました。そんな私の現実を知っているかのように、刺激剤を入れてくださいました。(小学校教師・50代)

プログラムの中では、拙書『学びつづける教師に――こころの扉をひらくエッセイ50』から「嘘を嫌う体をつくる」と「『仏さまの指』で生きる力をはぐくむ」の2編を読む時間もつくった。このことにふれた感想から1つを紹介する。

○一本の線を引きつづけて自分の線を摑えていく上村松園の絵は、私も美術館でよく観て、その素晴らしさに感銘を受けた。すだれやくしの一本一本の線、うつむきかげんに描かれた美人画は品があり、とても格調高いものである。これぞ本物の極致というものであろう。

大村はまの『教えるということ』は私も大学国文科の頃に読んだが、今改めて読むと、ズシリと重く心にのしかかる程の重みが感じられた。「仏さまの指」を、私も何気なく押せる教師になっていきたいと思った。一本の線でも、念入りに描き上げることで体が覚える。何かやり続ける姿を、子どもたちの心に焼きつけていけたらと思って止まない。

（特別支援学校教師・50代）

＊＊＊

石川県の東陵小学校が公開研究会を催したとき、斎藤喜博先生は参加した数百人の教師たちに次のように語った（「教える――斎藤喜博の教育行脚」ＮＨＫテレビ・１９７８・昭和53年放映）。

《跳箱の跳べない子どもがいたら全員跳ばせられるような技術を教師が持つこと、ああいう「利根川」の表現をさせたいと思ったら表現させられる技術を持つことです。そういう教師になるにはどうしたらいいか。一生懸命子どもから学び、何回も失敗しながらやるしかしょうがないんです。》

そして、「前まわり」と「前転」はまるっきり異なる教材であるのに、その違いが理解できずに授業に臨む教師の多いことにふれて、次のようにも語る。

《いろいろな教材を見ていると、先生たちはみんな混同しています。教材のとらえ方がもともと間違っていて、今度は教え方を知らない。そうしたら何もできないじゃないですか。文学作品だったら自分より読みとりの深くできる人から学ぶ。絵画についても自分よりも鑑識眼のある人から学ぶ、そして自分をそちらへ近づけていく。私にもし特徴があればそういうことを、今66歳までつづけているってこと、そういう学びをつづけてきたっていうことです》

「子どもに教える」といういとなみは、「学びつづける」ことを怠って成り立つことはない。斎藤先生が若い教師に口調きびしく伝えたかったことは、このことに帰着していた。

※授業「ちばらき県ということ」は『地域教材で社会科授業をつくる』(明治図書)に、「千葉市民の私は習志野市長選挙・習志野市議会議員選挙に立候補であるか」は『社会科なぞとき・ゆさぶり5つの授業』(学事出版)に、「人間のとって最もたいせつなものは何だろう」は『社会科の授業をつくる』(明治図書)にそれぞれ収められている。

第2章　教える世界のゆたかさ

1000の子どもに1000の可能性、和でなく積を、コブシの花のように

教職に就いて子どもたちや保護者、同僚の教師に第一声を届けるとき、教師はその〝初志〟を伝えるために言葉を選りすぐる。これから始める実践の根幹に据える教育観や授業観、子ども観について、一言一言かみしめながら語り、その〝初志〟を聞きとめた子どもたちや保護者、同僚の教師たちは、これから新しく始められることになる教育のいとなみに心を躍らせたりする。

横山芳春さんは22年あまり那覇市役所で地方行政に携わり、環境教育の重要性について認識してもいた。民間人校長の登用が打ち出されたことを知るとただちに校長への転進を決意し、2004（平成16）年4月1日、沖縄県初の民間人校長として那覇市立宇栄原小学校に赴任した。

新年度最初の職員会議が開かれると、教職員はいったいどのような校長なのか、教育についてちゃんと理解しているのか――、横山校長の発する第一声に注目した。届けられた言葉、それは「1000の子どもに1000の可能性」であった。

『1000の子どもに1000の可能性』（ジーアス教育新社）という書名を目にしたとき、

私は何とすてきな命名だと思った。その書名が校長着任時に教師たちに発した言葉だと知って、言葉を選りすぐる的確さに感服した。

子どもが1000人いれば、その学校には1000の可能性が秘められている。一人ひとりの宿すその可能性をていねいにだいじに育てて、花たちが咲きほこる学園をつくろう。校長のこのメッセージは、子どもたちにも折りにふれて贈り届けられていたにちがいない。この印象的なコピーに示唆を与えたのは、東井義雄さんの「1000のこどもに1000の花」という言葉であったという。

校長に公募して間もなく、横山さんは「生きがいづくり知恵つたえ」というシニア対象の研修会に参加した。そこで西江重勝さん（那覇教育事務所長）の講演を聴く機会があって、「斎藤喜博」という教師と出会った。その講演は「わたしのために語られているように」感じられ、横山さんは着任するまでの8ヶ月、斎藤喜博をはじめとして林竹二、佐藤学などの著作を夢中になって読み進めた。学校づくりの根幹に据えられる教育観はこうして固められた。

＊＊＊

校長に就任して2年を終える2月、合唱や表現を発表する学芸会が開かれた。参観した親の感想のなかには「息子がとても大きく成長したように感じました」「1年生でここまでできるなんて感動！」といったものがあり、ある学校評議員は新しい校長のもとでくりひろげられている教育の事実に感銘して、次のように述べた。「先生方が変わったのですか。私は十数年来、宇栄原小学校の学芸会を見に来ているが、子どもたちがこんなに変わっているのは初めて見た。先生が変わると、子どもたちは変わるのですね」

「総合表現」を発表した6年生の子どもは、涙を流して見ている参観者の姿を目にした。「わたしが学芸会で考えたことは、一生懸命やると、人を泣かせることができるということです。わたしたちが演技をやっていると、ハンカチを手にもち、なみだをながしている人が何人かいました。一生懸命やってよかったんだと、考えました。学芸会で、わたしは、少し成長したと思います」

運動会の器械体操の演技でピラミッドの頂点に立った息子に、母は「あんなに高いところまで登って、怖くなかった」と聞いた。すると、「怖くなかったよ。お母さん。あれの一番大切なもの知っている。お互いの信頼関係だよ」と息子はこともなげに話した。「心も身体も成長しているなあ」と感慨にふける母であった。

ある教師は述べる。――「教師が背伸びした分だけ子どもたちは、学びとっていくものですよ」教頭先生の言葉が思い出される。子どもたちの学び方に驚かされるばかりであった。1か月の間に長編の詩をみごとに暗記してくる子。一度聞いた旋律をしっかり覚え歌いこなしていく子。子どもの可能性は限りがない。

「1000の子どもに1000の可能性」という校長の指針に則って始まった同校の取り組みは、子どもは誰もが限りない可能性をもっていること、その可能性は教育力によって見事なまでに開花することを、教師にはもちろんのことだが、親にも地域の人にも確認させることになった。横山さんは校長時代を次のようにふりかえる。「わたしたちが努力をすればするほど、子どもたちは応えてくれる。子どもたちが、自らの可能性を開き成長していく姿は美しい。幾度そのような美しさに出会い、感動してきたことだろうか。学校現場に身を投じたことを本当によかったと思う」

＊＊＊

私は１９９２（平成４）年４月から千葉経済大学附属高校の教育に携わることになった。同校は県内で最も規模が大きく、教員は専任者だけでも１００人に近く、普通科、商業科、情報処理科、そして当時は建築科も設置されていて、職員室は学科ごとに設置されていた。校長が的確にリーダーシップを発揮して教育力を高めていったとき、学校は大きく花ひらかせる。私はそのように固く信じて、最初の職員会議で教師たちに伝え届ける言葉を選りすぐる日々を過ごした。

そうして選びぬいた言葉は「和でなく積を」である。第１次南極観測隊副隊長で越冬隊長を務めた西堀栄三郎さんの次の言葉を活かしてのメッセージである（『南極越冬記』岩波新書）。

「同じ性格の人たちが一致団結しても、せいぜいその力は「和」の形でしか増さないけれども、それぞれ異なる性格の人たちが団結した場合には、それは「積」の形でその力がおおきくなるのではなかろうかと考える」

南極の昭和基地で越冬することになった隊員は西堀さんを入れて11名、それぞれが強い個性を持ち、それぞれ違った生活環境で生きてきて、チームが組まれた。極寒の地で越冬するにあたって、足を引っ張りあって互いの力が引き算されたり割り算されたりしてはならない。ただ足し算するだけでは、その成果は知れている。西堀さんには、隊員11人の持ち合わせる「公約数」はたいへん大きく、また互いに性格が異なるだけにその「公倍数」も測り知れなかった。隊員一人ひとりの持ち味や強みを掛けあわせるならばケタ違いの力が発揮され、この国家的大事業が「たった11人でやりとげられたのか」と賞賛されることになる。そのように展望する西堀さんであった。

「和でなく積を」は小学校で誰もが習った算数の計算の仕方を用いたメッセージで、明確な方向性が打ち出されている。総勢100名に及ぶ教員と取り組む学校づくりに、これ以上にふさわしい指針は見当たらないと思われた。

――本校には100名の先生がいらっしゃる。その力を単純に足していくだけでは100にしかなりません。もし、それぞれの先生の力を掛け合わせるならば、1000の力、10000の力で教育にあたることができるのです。お互いの力を掛け合わせて生まれる教育の成果を楽しみながら、生徒たちを育てていきましょう。

＊　＊　＊

吉川千帆さんは産休補助教員を数年務めた後に正式採用され、新入生の学級担任として着任した。桜の咲きそろうなかで入学式を終えて、親たちに教育の方針を語り伝える時間になった。わが子は学校生活に早く慣れてくれるだろうか、担任の先生は温かく接してくれるだろうか、若い親たちは不安の入り混じった期待を抱いて耳を傾けた。

吉川さんは家の近くの通りで、コブシが一つずつ咲いていく様子を話した。そして、「3組の子は、一斉に咲く桜の花じゃなくていいです。ポツンポツンと早いのあり遅いのありと咲くコブシの花のように育っていくといいなと思います。その方が一つ一つの咲いた花に目を向けて、喜んだり楽しんだりできるからです」と語った。

何かというと他の子どもと比較して「早く芽を出せ、柿の種」というように、わが子に接しがちな親たちである。「一人ひとりの子どもが自分のペースで成長していく姿、しっかり見届けていきます」という吉川先生の第一声に、親たちはどれほど気持ちを安らかにしたであろう。

初めての1年生の担任となって、初めて1年とおして同じ子どもたちと過ごす吉川さんの1年間は、そうして歩み出した。年度末を迎え終業式を終えた吉川さんの胸中は、次のような思いでみたされていた。

「子どもたちは1年かけて、早い子遅い子といましたが、私の目の前で、きれいな花を咲かせていきました。私は花を見るのに夢中で1年間を過ごしてしまいました。もっときれいに咲かせてあげられたんじゃないか、もっと喜んであげられたのにと、悔いが残りますが、とても楽しい1年間でした」

上質の〝構う〟がさりげなく行われる学校

小学校に入学したトットちゃん（黒柳徹子さん）は、落ち着きがまったくなかった。勝手な行動を取って授業を妨害するという理由で、さっそく退学が勧告された（『窓ぎわのトットちゃん』講談社）。

母に伴われてトモエ学園を訪れると、小林宗作校長先生に「さあ、なんでも、先生に話してごらん。話したいこと、全部」と話しかけられ、トットちゃんはものすごくうれしくなって話し始めた。

乗ってきた電車が早かったこと、切符がほしいとお願いしたけど改札口のおじさんはくれなかったこと、前の学校の受け持ちの女の先生は顔がきれいだったこと、学校にはツバメの巣があること、洟（はな）が出てきたときはズルズルやっているとママに叱られるのでなるべく早くかむこと、パパは海で泳ぐのが上手で飛び込みだってできること……。

話す順序も話し方も少しグチャグチャだったけれども、トットちゃんは一生懸命に話した。校長先生は笑ったりうなずいたり、「それから？」とか言ったりして聞いてくれた。話すことが無くなって口をつぐんでいると、「もう、ないかい？」と言われた。これでおしまいにしてしまうのは残念なので、頭の中をいそがしく探すと、まだ着ている洋服について話していないことに気づいた。そこで、たいがいの服はママの手製だけれども、今日の服は買ったものだ……と話しつづけた。

それでも、とうとう話すことがなくなってしまって「少し悲しい」と思ったとき、校長先生はトットちゃんの頭に大きくて暖かい手を置いて、「じゃ、これで、君はこの学校の生徒だよ」と伝えた。「なんだか、生まれて初めて、本当に好きな人に逢ったような気がした。だって、生まれてから今日まで、こんな長い時間、自分の話を聞いてくれた人は、いなかったんだもの。そして、その長い時間のあいだ、一度だって、あくびをしたり、退屈そうにしないで、トットちゃんが話してるのと同じように、身をのり出して、一生懸命、聞いてくれたんだもの」

トットちゃんはこのようにふりかえり、4時間も話を聞いてくれた校長先生に「この人となら、ずーと一緒にいてもいい」と思った。校長先生も同じように思ったのだろう、トットちゃんを学校で見かけると、いつも「君は、本当は、いい子なんだよ!」と言いつづけた。

＊　＊　＊

吉川千帆さんは教室の机でやるべきことを一段落させると、「ひまだなぁ」とつぶやいて、ほんとうにひまそうな素振りをすることがあった。すると、子どもたちは「何とかしなくちゃいけない」と思って、いろんなことを話しにやって来た。

「きのうね」と言って、家であったことや放課後のたわいないことなどを話して先生の相手をする。「へー！」と驚いたり、「それでどうしたの？」と聞き返したりしていると、他の子どもも寄ってきて話の輪ができた。

教師は何かと忙しい。同じ教室に子どもと居ても、提出物を見たり教材研究をしたり事務作業をこなしたりすることがあって、そのようなときには、話しに行きたいと思っても、ついためらってしまう。そういう子どものいじらしい思いを察して、「今は何もやっていない時間ですよ。何でも話に来ていいんですよ」と知らせる合図、それが「ひまだなぁ」であった。

山口良治さんは３１歳のとき（１９７４・昭和49年）、ラグビー日本代表選手を引退して京都市立伏見工業高校に赴任した。同校は京都で一番荒れている高校と言われていて、たしかに窓ガラスがあちこちで割られ、バイクで廊下を走る生徒もいた。教師への暴力は日常茶飯事で、山口さんもツッパル生徒にバットを振りかざされ、一瞬、ひるむことがあった。

「ここは学校じゃない」と落胆を隠せなかったが、ツッパル生徒の目をじっと見ていると、みんな「高校生の目」をしている。「ツッパリ生徒と泣き虫先生」（ＮＨＫテレビ「プロジェクトＸ　挑戦者たち」２０００・平成12年11月21日放映）の最後に、山口さんは語る。

「きっと、子どもたちは寂しいんだと思うんですよ。すごく寂しいんだと思うんですね。もっと真剣に俺たちのことを構ってよ、気にしてよと叫んでいるんだと思います」

教師が真剣に〝構って〟やるならば、ツッパル必要はなくなって落ち着いた生活に戻っていく。これが山口さんの下した診断である。

＊＊＊

「構」という漢字は「木を組み合わせてかまえる」という意味で、動詞としては〝構える〟と〝構う〟の2つがある。

〝構える〟というのは「ある状況に備えた態度や姿勢を取ること」で、野球で言えば、投手が構えると打者はバットを構え、野手は飛んでくるかもしれないボールにそなえて捕球の構えに入る。慎重には慎重を期すこともあるが、高をくくった構えになることもある。その気構えや心構えは当人の気質やそのときの状況判断で決められる。

他方、〝構う〟の使われ方はいろいろあって複雑である。たとえば「ちっとも服装に構わない人だ」とその無頓着さにあきれたり、「どうぞ、お構いなく」と自分のことは気にしなくていいと伝えたりする。否定の表現を伴うことの多い〝構う〟である。子どもに至れり尽くせりと世話してうっとうしくさせたり、遊び半分にからかって冷やかしたりすることも〝構う〟の一つである。

これらとは全く異なって、たいした話をしたり聞かれたりしたわけではないのに、ちょっと言葉をかわしただけで気がまぎれて楽にさせてくる。そういう〝構う〟は上質の部類に入る。

荒れた行動に走る高校生の野放図な行為は、何としてもやめさせなければならない。厳しい口調で非難したり説教したりしても、生徒はそれを受け止めようとはしない。やわらかなソファーにゆったり座って、取るに足りない話を交わしながら、積もり積もっているものを一つずつ取り払っていく。もつれきっている糸をほぐしていくように、ていねいにねんごろに解きほぐしていくにかぎる。

初対面のトットちゃんに「さあ、なんでも、話してごらん」と話しかけ、とりとめなくつづけられる話を身を乗り出して聞いた4時間、そこに流れていたのは、明らかに、最も〝上質の構う〟時間であった。小林校長先生は他にしなければならないことがあったはずなのに、トットちゃんのために時間を割いてくれた。

＊　＊　＊

授業力のある教師は構うことがうまい。

ちょっとした寄り道をさりげなく組み込んで、子どもたちの心をつかんでいく。寄り道しているように見えるけれどもそうではなく、道草しているように見えるけれどもそうでもない。

そのやりとりがちゃんと活かされて、子どもたちは上手に構われながら教材の世界に誘い込まれている。

寮美千子――閉ざされたこころの扉をひらく詩人

くも

空が青いから白をえらんだのです

普段あまりものを言わないAくんが、たどたどしくこの詩を朗読した。友だちの拍手を浴びると、「ぼく、話したいことがあるんですが、いいですか」と言って、堰を切ったように話し出した。

――ぼくのおかあさんは、今年で七回忌です。おかあさんは「つらいことがあったら、空を見てね。わたしはそこにいるから」と言いました。ぼくは、おかあさんを思って、この詩を書きました。

すると、次々に手が挙がった。「Aくんは、この詩を書いただけで親孝行やったと思います」「Aくんのおかあさんは、真っ白でふわふわなやと思いました」。「ぼくは、ぼくは……」と言いよどんだ子は、「ぼくは、おかあさんを知りません。でも、この詩を読んだら、空を見たら、ぼくもおかあさんに会えるような気がしました」と言って、わっと泣きだした。

「何も書くことがなかったら、好きな色について書いてください」と言われたBくんは、次のよう書いて朗読した。

すきな色
ぼくのすきな色は　青色です　つぎにすきな色は　赤色です

「あまりにも直球」すぎて、味気なく思えるこの朗読に、いったいどのような言葉をかけたらいいのだろう。とまどって息を呑んでいると、ハイッと手が挙がった。「ぼくは、Bくんの好きな色を、一つだけじゃなくて二つ聞けてよかったです」「ぼくも同じです。Bくんの好きな色を、二つも教えてもらってうれしかったです」

世間のどんな大人が、どんな先生が、こんなやさしい言葉を、Bくんにかけてあげることができるでしょうか。――熱いものがこみあげてきた寮美千子さんである。ふだん、あまり表情にあらわすことのないBくんは、思わず顔をほころばせた。

寮さんは述べる。「友の拍手で、一人の心の扉が開く。すると、呼応したように、次々にみんなが心を開き、語りだす。思いがけないやさしさが溢れだしてくる」「たった一行に込められた思いの深さ。そこからつながる心の輪。詩によって開かれた心の扉に、目を見開かれる思いがしました」（寮美千子編『空が青いから白をえらんだのです』新潮文庫／寮美千子「詩が

開いた心の扉」・池上彰編『先生！』岩波新書）

＊＊＊

強盗・殺人・レイプ・放火・薬物違反者などの受刑者（17～26歳）を600人から700人も収容する奈良少年刑務所は、2007（平成19）年に「社会性涵養プログラム」を創設した。他人と歩調を合わせることが難しく、そのことでいじめの対象にもなりかねない少年、たとえば、自己表現が極端に苦手だったり、動作がゆっくりだったり、虐待された記憶が強くて心を閉ざしていたりする少年たちの更生を願ってのプログラムである。

詩人で作家の寮美千子さんはひょんなきっかけで、そのプログラムのなかの「童話と詩」（月1回1時間半の6か月）の講師を引き受けることになった。その授業のなかで生まれたのが、「くも」と「すきな色」の詩である。

どのクラスにも目立たない子どもや粗野に感じる子どもがいるのだが、誰もが測り知れない可能性を秘めて生きている。このことは死刑囚島秋人の事例などから明らかで、教育にたずさわる者はこのことを心に刻んで、子どもと向き合っていかなければならない。私はそのように肝に銘じてきた。

けれども、寮さんが授業で掘り起こした子どもたちの詩と、その詩を介してふわっとひろがる内面の世界にふれると、私の描いていたその認識はごく表層に留まっていたことを思い知らされる。「彼らは、一度も耕されたことのない荒れ地だった」と寮さんは述べ、一人ひとりの少年の目をみはる変容について次のように語る。

「ほんのちょっと鍬を入れ、水をやるだけで、こんなにも伸びるのだ。たくさんのつぼみをつけ、ときに花を咲かせ、実までならせることもある。他者を思いやる心まで育つのだ。彼らの伸びしろは驚異的だ。出発点が、限りなくゼロに近かったり、時にはマイナスだったりするから、目に見える伸びしろの大きさには、目をみはらされる」

すでに紹介したように、誰ひとりとして「否定的なこと」を言わず、「なんとかして、相手のいいところを見つけよう、自分が共感できるところを見つけよう」として言葉を探しだす。「10数名からの拍手を得られるということの大きさ、もしかしたらそれは、彼らにとって、生まれて初めての体験かもしれない」と、寮さんは推測する。

＊＊＊

奈良少年刑務所（旧奈良監獄）は、西欧の列強に「近代国家日本」を誇示する目的もあって、1908（明治41）年に建築された。レンガ構造で城郭のような威風を放つ奈良監獄は、千葉・金沢・長崎・鹿児島のそれとともに「明治の五大監獄」と呼ばれている。

刑務所の塀は高い。それは犯罪者を世間から隔離して懲らしめるためであろう。しかし、その高い塀は「薬物をはじめとする世間のさまざまな誘惑や危険、差別などの荒波から、彼らを一時的に守る防波堤」としてあるのではないか。寮さんはそのように感じるようになった。

授業の初回、初対面の少年からは、一人ひとりの「人間の形」がはっきりと見えてくることはなかった。その姿形はさまざまでその態度もまちまちであるが、「一人ひとりの印象」は定まってこない。たとえば、どっしりと土の塊が座っているような無表情な少年、手を差しだせば警戒してさっと逃げてしまう野良猫のような態度の少年、なんでこんなところにいるんだと言わんばかりの不機嫌な様子の少年等などである。

しかし、6回の授業を重ねていくと（というよりも、月1回たった6回にすぎない授業なのだが）、たとえば、俳句をほめられたことがきっかけとなって、足をふんぞり返って座っていた少年は身を乗りだして授業に臨むように変わっていく。一人ひとりの個性がくっきりと際立つようになると、誰もが「みんな、かわいくなる」。何か秘訣があるのだろうか――。「特別に秘密はありません。受刑者たちと正面から向きあっているだけです」と寮さんは答える。

正面から少年と向きあい、〝やわい心〟を解きほぐそうと努める。それは刑務所の教官すべてが心していることである。何かと言うと「評価」されて生きづらい思いをしてきた少年たちは、自分に寄りそって共に過ごそうとしてくれる大人に、ここで初めて出会った。「もとの自分に戻りたい」と願うように変わる少年たちである。

＊＊＊

道を外れて生きていく子どもの責任は、当人のみに帰するのだろうか。寮さんの実践を知ると、正面から向き合おうとしない教師や大人たちに、重い責任があるように思えてならない。「鍬を入れて水をやって耕す」ことをコツコツと重ねていくならば、どの子どももきれいに花を咲かせ、実を結ばせ、他者を思いやる心まではぐくんでいくものなのだ。

学校というのは幼稚園から大学まで、「世間のさまざまな誘惑や危険、差別などの荒波」から子どもたちを守る空間であらねばならない。また、一人ひとりの子どもがそなえもつ善さを、どこまでも伸ばしていかなければならない。私はそう思う。

A君に「雲は空が青いから白をえらんだのです」と教えられてから、私には、空を見上げることが多くなっている。

渡伊佐松——子どもと一緒に泣いてくれる先生

1945（昭和20）年8月6日、広島に原爆が投下された。3日後、画家の丸木位里さんと俊さんは父や母の救出のためにヒロシマに入り、1月間、被災した人たちの救護にあたった。「絵を描くことを忘れ、原爆が落ちたあとから行った人間なのに、原爆に傷ついた人びとと同じように半ば狂い、飢えてさまよって」いた。「絵よりも傷の手当てを、絵よりも食べものを」と思う1月であった（『丸木俊　女絵かきの誕生』日本図書センター）。

「原爆の絵を描かねば」と思うようになったのは、東京に戻って3年を経てからである。「原爆の図」の第一作「幽霊」を描き上げたのは1950（昭和25）年、その画面には900人もの人たちが居る。「けれど広島でなくなった人々は26万人なのです。広島の人々の冥福を祈り、再び繰り返すな、と描き続けるならば、一生かかっても描きつくすことの出来ない数であったと気がつきました」（『原爆の図』小峰書店）

それから32年、画家夫婦はテーマを変えながら15作も「原爆の図」を連作した。この創作活動は1995（平成7）年には、ノーベル平和賞にノミネートされている。

大学院に通っていた20代の中ごろ、私は埼玉県東松山市の都幾川の川べりに開館した「原爆の図丸木美術館」を訪れた。高さ180cm幅720cmの巨大な屏風画には、何としても生きようとすがる人びとや、あえぎあえぎ息を引き取っていく人びとなどが描かれていて、〝生きて〟いた。

＊＊＊

「ほんとうの教育者は?」と問われて、丸木俊さんが心に浮かべたのは、北海道の寒村の小学校で3・4年の受け持ちであった渡伊佐松先生である（『ほんとうの教育者はと問われて』朝日新聞社）。

高等小学校の高等科を出て講習で教員資格を取得した渡先生はまだ16歳のイガグリ頭、紺がすりの着物に袴をはいて教壇に立つ。ある算数の時間には、「さあて、先生もわからなくなったぞ」と言って頭を〝かかえてみせた〟。子どもたちは驚いて「先生にもわからんような大問題か。それは大変」と本気になって考え始め、教室は活気づいた。

雪の積もった日である。校庭では3年と4年に分かれて雪合戦が行われた。子どもたちはそのうちもどかしくなって、左手で相手の首を抱え込んで右手で雪を顔にこすりつけたりして、女の子だてらの取っ組み合いになった。合戦はなかなか幕を引かない。両組長は取っ組んだまま、ついになぐりあいを始めてしまった。子どもたちはどうしたらいいものか分からず、おろおろと立ちつくすばかりである。

「すると、だれかの泣声がきこえました。ふと見ると先生がさっきから大きな涙をぽろぽろふきもせずに立っていたのです。それを見ると、いっせいに声をあげ、声をそろえてみんなで泣きました。雪の校庭にわき出る泣声は、ええーんええーんと石狩平野を流れて行きました。／組合っていた二人はたまげてすごすご泣き泣き教室へ帰りました」

俊さんは、40年前のこのときのことを、昨日のことのように覚えていた。

ケンカを止められず、何もできずに泣声まであげている教師など、子どもたちから見放されてゆくのではないだろうか。渡先生はまだ16歳、今の高校1年生の年頃なので、「やめなさい」の一声もかけられない。頼りがいのない教師だと、烙印を押されてもいたしかたない。

ところが、俊さんによれば、子どもたちの受け止め方はまったく異なった。それまで泣くのをこらえていたのだが、堰を切ったようにいっせいに泣き出し、取っ組み合っていた2人はバツが悪くなってケンカを止め、泣声の列の最後尾に連なって教室に帰るのだった。

俊さんは、次のように書き綴る。

「この事があってから子供たちは一緒に泣いてくれる先生を深く信頼し、愛し、尊敬するようになったのです。／ひげのはえた立派な校長先生よりも、年とった教頭先生よりも、子供たちにとっては少年のような渡先生をすばらしい先生だと思うのでした。先生のうしろについて歩きたい。先生の歩き振りまで子供たちはすてきなことだと思うのでした」

「先生のうしろについて歩きたい」と思って、「歩きぶりまですてきなことだ」と思う。「子どもたちが生きる世界」は、こういうものなのだろう。先生のそばにいつも居て、先生のすることを何から何まで真似したい。あこがれ慕う気持ちをつつみかくさずに表す子どもたちである。

＊＊＊

『現場としての授業』をつくるために力をみがく会」では、あるとき、松田梨子さんの短歌「泣く基準あいまいになって無意識に泣かない方を選んでる私」を取り上げた。

幼い子どものころは、泣くことで自分の思いを伝え、何かというと泣いて親を困らせた。しかし、少し大きくなって周りに目を向けると、泣いてもいいと思えるような場面であるのに、上級生や大人は涙を流すことがない。そういう場面を目にしていると、子どもの「泣く基準」は少しずつ後退していって、いつの間にか「泣かない方」を選ぶようになる。「人前では泣かないこと」が、大人への階段を上っている一つの指標であるように感じたりする。

例会の模擬授業では、最後に次のように尋ねた。――作者は「泣かない方」を選んでいることに気づいたのですが、そういう自分をどのように思っているのでしょう?

参加者の多くは、作者は「泣かない方を選んでいる自分を誉めている・誇りにしている」と考えて、「成長したな」と喜んでいると考えた。しかし、「寂しくなっている」と考える参加者もいた。なぜなら、次のような思いにかられていると考えるからである。

○小学時代は自由であった。自分の思いを隠すことなく表に出せた。今ではそういう気持ちを押し殺して我慢するようになっていて、あのころが懐かしい。
○泣いている妹などを見ると、一緒に泣きたいが「一粒も涙を見せないぞ」と姉ぶっている自分が居て、覚めた目で見ている。

なかには、「何だか不思議な気分になっている」と考える参加者もいた。つまり、「いろいろと経験していると、このように変わっていくものなのか、生きるってこういうことなのかと、自分の変容ぶりをながめている」「これからも周りの大人の感化を受けて少しずつ変わっていくんだろうなと思って、人生というものを見据えている」と解釈する。

ところで、俊さんが教わっていたあのころ、渡先生は「泣く基準」をどこに置いていたのだろう。悲しくなって心がふるえてきたら、人目を気にすることなく涙を流す。子ども時代と変わらないそういう「基準」をもちつづけていたにちがいない。

渡先生の泣声を耳にすると、子どもたちは共鳴していっせいに泣きはじめたと書かれている。悲しくてどうしていいか分からずにいた自分たちと同じ地平に居て、心を痛めている先生を知ると、泣かずにいられなかった子どもたちである。

＊＊＊

丸木（当時は赤松姓）俊さんは東京に出て美術学校を卒業したが、不況のつづく世の中になっていて、千葉県の市川尋常小学校で代用教員を4年間務めることになった。「小学校の先生になれば子どもは可愛い。子どもの綴り方を読んでいれば夜のふけるのも忘れます。それを印刷したり、批評を書いたり、子どもが喜ぶ顔をみれば苦労は一瞬に消えてしまいます」（前掲『丸木俊　女絵かきの誕生』）。

学級担任をしながら、全校の3000人に及ぶ子どもたちに図画を教えていた俊さんは、全員の絵を千葉県の大展覧会に出品し、子どもたちには県知事賞が授与された。展覧会を終えるとどっと熱が出て、俊さんは寝込んでしまった。

渡伊佐松先生は後年、北海道の小学校の校長になった。校長職に就いても「泣きたいときは子どもと一緒に泣く」精神をもちつづけていたにちがいない。廊下を歩いていると「校長先生のうしろについて歩きたい」と、子どもたちが付いてくる毎日であっただろう。

土門拳——その一瞬を見逃さずに写し撮る写真家

私の小学時代は、高度経済成長期に入る前の1950年代で、そのころの暮らしは、どの家庭でもつましく質素であった。カメラというのは、何かの記念に一同がよそゆきを着て写真に収まるか、旅行に出かけた際に見どころを写して記念とするかのどちらかで、暮らしのなかのちょっとしたスナップを撮ってアルバムに残すなどは考えられない。そういう時代であった。

捨ててしまって今はない、路地に落書きしたろう石や、技を競い合ったベエゴマやメンコ。拍子木が聞こえてくると見に行きたくてならなかったが、10円だかを払って口にする飴は不衛生だと言われて、遠くの方から見て見ぬふりでながめたりした紙芝居。そういう私の子ども時代のあれこれは、記憶を掘り起こしてもうっすらと思い出すしかない。

ちょうどそのころ、土門拳さんは室生寺などの古寺を撮影するかたわらで、江東区の下町などに足を運び、無邪気に遊ぶ子どもたちの表情をカメラに収めつづけた。その写真の数々は、貧しかったが明るかったその時代を後世に伝える貴重な史料となっている。

写真集『腕白小僧がいた』（小学館文庫）には、たとえば、紙芝居に見入る子どもたちを前方から撮った写真がある。我を忘れて紙芝居に見入る子どもたちの顔は、見ているだけでドキドキしてくる。テレビやゲームのない時代、自転車に乗って紙芝居を楽しませに来てくれた紙芝居屋さんは、子どもたちにとって素敵な「夢の運び屋」にほかならなかった。写真集には、チャンバラごっこをしたり、おしくらまんじゅうをしたりする場面もある。はじけた、はしゃぐ声が写真から聞こえてきそうで、あのころがいとおしい。

土門さんの写真の魅力は、どこにあるのだろう。それは、池田真海さん（長女）が述べるように「自分が撮りたい瞬間を絶対外していない」ということに尽きるのかもしれない。時代を超えた今でも誘いこまれて、吸い込まれて見入ってしまう「瞬間」の力である。

そういえば、土門さんはアマチュア写真家の投稿する月例選評で、「カメラそのものが、かくれんぼする少年になりきっている。しかもかくれんぼの鬼になっている少年の心理そのものが写真化され視覚化されて、画面に定着している」と、撮影するその姿勢を評価していた（1957年・伊藤昭一「かくれんぼ」への選評・『写真批評』ダヴィッド社）。

子どもたちの遊びをかたわらからながめ、「それじゃあ、いっちょう撮ってやるか」といった構えでカメラを向けていない。子どもたちの遊ぶ世界に、いつの間にかひょっこり加わって一緒に楽しんでいて、「絶好の瞬間」が来たと感じたその時機をとらえてシャッターを切る。土門拳の写真はそうして撮られている。

＊＊＊

日本の産業革命は、1901（明治34）年に八幡製鉄所が建設されたことで始まる。その基盤を半世紀にわたって支えたのは、産出高日本一を誇る筑豊炭田であった。しかし、１９５０年代に始まるエネルギー革命で、石炭は石油に座を譲りわたして閉山が相次いだ。炭鉱閉鎖による２０数万人ほどの失業者の生活はどうなるか。新聞は大々的に報じていたが、千葉に住む10代の私には、全くと言っていいほどの他人事であった。

土門さんは59（昭和34）年の暮、半月間も炭田地帯に入り込んで撮影に撮影を重ね、『筑豊のこどもたち』（パトリア書店）をザラ紙製本１００円で出版した。炭鉱に生きる人たちの現況を、一人でも多くの国民に知ってほしいと願っての廉価での出版である。私が同書（築地書館出版２４００円）を手にしたのは、70年代の終わりで、表紙のるみえちゃんに見つめられたとき、私の鼓動は早まった。ふっくらとふくらんだ頬っぺた、唇に差し入れた人さし指、着古されてほどけかかっているセーター。その憂いに満ちたまなざしが見つめる先には、私もいた。

るみえちゃん（小学4年）の母は福岡市のほうに出稼ぎに行き、父は日当２７５円のニコヨンに出ている。畳が抜け落ちて、家具などほとんどない家を、妹のさゆりちゃん（1年生）と二人であずかる。夕方お父さんが帰ってくる前に、家の掃除をしておく姉。木の小枝と新聞紙を丸めて七輪に火をおこす、日が暮れるとめっきり冷える。こどもの家にはもちろん、火鉢もこたつもない。姉の一番の心配は、焼酎が買えない日のお父さんのきげんの悪いことだ。

――土門さんは2人のけなげな様子を写真に掲げながら、以上のような言葉を添える。

1年後、るみえちゃんの父が逝去したことを知ると、土門さんはすぐさま筑豊に向かった。

「あの電燈もつかない長屋の中に、るみえちゃんとさゆりちゃんがしょんぼり座っている姿を想像すると、矢も盾もたまらなくなった」からである（写真集『るみえちゃんはお父さんが死んだ』研光社）。

土門さんは、廃屋となったるみえちゃんの家の戸口や、室内に残された電球・焼酎の空ビン・弁当袋などを写し、それぞれに次のような言葉を書き記した。

- るみえちゃんたちの住んでいるときから表札のなかった戸口。表札を必要としないほど社会から孤絶した生活がここにあった。出入りのたびに引いてあけたてするよりは、はずしたほうが早かった板戸。
- 電気料滞納で電線を切られたまま、何年も灯ったことのない電球。ロウソクがこの電球のかわりをつとめた。日が暮れてまもない7時、井之浦炭住で新卑家（るみえちゃんの家）だけが真暗で家の中は物音一つしなかった。
- このビンをかかえてるみえちゃんは、何度お父さんのために焼酎を買いに行ったことだろう。しかしその焼酎がお父さんの命を縮めたのだ。それもアリランという1合20円の最低の密造焼酎であった。
- 秀吉さん（父）が道路工事の日雇いにでるとき弁当を入れていった雑嚢である。そのご飯もるみえちゃんが炊いた。幼いるみえちゃんが火が燃えつかないで、まごまごしているとすぐお父さんに殴られた。

そして、「ぼくはるみえちゃんの家を史跡にしでも指定して、『政治悪』の見本として後世に伝えたいと思う」と書き綴る土門さんである。

るみえちゃんとさゆりちゃんは、田川児童相談所に移されていた。連れられていったその日、夕食を食べた2人は相談所を逃げ出した。12キロも連れられてきたその道を、るみえちゃんは覚えていて、「我が家」に帰りたい一心で、中間地点の烏峠まで歩いてきた。しかし、2人の姿はバス運転手の目に入って通報され、パトカーに保護されて相談所に戻された。

るみえちゃんたちは、相談所で多くの子どもたちと生活をともにしていた。ブランコを楽しむ2人の写真に、土門さんは次のように書き記す。「木はくさっていまにも倒れそうな柱、くさりはとうの昔に切れて細引きがさがっているだけのブランコ。こんなブランコは井之浦炭住にはなかった。さゆりちゃんもるみえちゃんも、そしてひとみちゃんもごきげんである。こうして遊んでいるところをみると、ここが寒々とした相談所ではなくて、どこかの小学校の休み時間のグランドの一隅でもあるようだ」

＊　＊　＊

土門さんはある月例選評のなかで、「ひとりの女の子のなかに全体の女の子を、街の小さな出来事のなかに、世の中全体の動きをシンボライズするというのが、表現というものであり、芸術の可能性でもあるのだ」と指摘している（高原猛「武蔵と小次郎」の投稿写真１９５７年の選評・『写真批評』）。

るみえちゃんにどこまでも密着してカメラに収め、るみえちゃんをとおして日本の炭鉱の問題、貧困の問題を世に問うた土門拳さんである。

土門拳と斎藤喜博
——「顕微鏡的な小さなブレ」をも見逃さない鬼才

教員養成の仕事に携わることになって、私は教授学研究の会で斎藤喜博先生からじかに学ぶことに決めた。年数回開かれる公開研究会で衝撃を受けたのは、授業報告に対する先生の指摘である。先生は授業報告に5分くらいは耳を澄まし、配布された記録に目を落とす。しかし、「ここまでで、いいでしょう」と切り上げさせると、そこまでの報告から見えてくる問題点を一つ一つえぐり出す。

その指摘は的を射ていて、報告者は穴があったら入りたい面持ちになったにちがいない。私も同じである。何とも思わずに記録を読んでいたり、「いい授業だな」と感心したりしていた箇所が次々に俎上に載せられて問題点が指摘されていくからである。

教師としての薄っぺらさが露わになっていくこの時間は、まさに〝現場〟としか言いようがない。このような〝現場〟に身を置かないと授業力を磨き高めることはできない。——そう思って全国から集う教師たちと過ごした30〜40代の時期は、私にとってかけがえのないものであった。

＊　＊　＊

斎藤先生が精力的に取り組んだことの一つに、授業の事例に即しての著作の執筆がある。授業者が気づかずにいる問題に鋭く切り込む文章には迫力と説得力があって、授業の質はとどのつまり「見える」という教師の力量で決まっていくことが知らされた。

たとえば、細田梠子さんの詩「熊」（新美南吉）の授業の場合は、次のとおりである。

熊　　　新美南吉

熊は月夜に声聞いた。
どこか遠くでよんでいた。
熊はむくりと起きてきた。
檻の鉄棒冷えていた。
熊は耳をばすましてた。
アイヌのような声だった。
熊は故郷を思ってた。
からまつ林を思ってた。

熊はおおんとほえてみた。
どこか遠くで、
こだました。

この詩の授業に対する先生のコメントは、『教授学研究9』（国土社）に掲載され、後に『授業の解釈と批評』（国土社）に収められた。

先生は「細田さんはもともとすぐれた教師である。（中略）この報告のなかにある一部分の記録を見ても、教師や子どものよさは十分にあらわれている」と、その授業力を評価したうえで、次のような指摘を行う。

まず、授業案の「教材解釈について」に書かれている発問についてである。

① 「冬の月夜だろうか、夏の月夜だろうか」という発問は、「授業がうるさくなるだけだから出さないほうがよいかもしれない」。
② 「声聞いた」で、その声は「親、兄弟、仲間、アイヌ」のどれかと問うと、これも「うるさくなる」。
③ 「ひえていた鉄棒は熊にはいい気持ちだったのか、悲しかったのか、それとも何か他

のことを思わせたのか」という問題の出し方は、「まわりくどいし、授業がごたごたしてしまう」原因になってしまうかもしれない。むしろ、「むくりと起きてきた」の「むくり」を問題にするほうがいいかもしれない。

④「耳をば」と「耳を」の違いを出すこともそれほど意味がない。「授業をうるさくし、味気ないものにしてしまうだけ」である。

斎藤先生が矛先を向けるのは、まず教材の解釈と発問である。「うるさくなる・ごたごたしていく・味気ないものになる」といった言葉は、先生の真骨頂である。授業というのは頭でその構造をとらえるとともに、肌でその場の空気を感じとることが欠かせないのであった。

先生の矛先は、子どもが言おうとしていることを聞き取る〝耳〟にも向けられる。「子どもたちはなかなかいいことを言っている。しかし細田さんは、そういう子どものよい発言を生かしきれなかったようである」と概観したうえでの指摘には、次のようなものがある。たとえば、「おおんというたらな、生まれたところあるやろ、そこでな、泣いたときみたいにな檻の中もな、なんかほえてみたん」という子どもの発言は、「大へんなことを言ってるのだから、教師は感動して取り上げ、みんなのものとすべきだった」。しかし、「それをみな流してしまっているという感じがする」といった具合である。

「内面に湧きだしてきた思い」を人に伝えようとするとき、しっくりする言葉がなかなか見つからなくて、口ごもってしまう。子どもであればなおさらである。発言がたどたどしかったり言い淀んだりしたときは、言いたいことは何だろうと神経を張りつめて聞き、片言をもおろそかにしないで授業のなかに活かす。教師にはそういう気構えが必要であった。

＊＊＊

境小の校長であった1966（昭和41）年、斎藤先生は土門拳さんと対談した。写真集『古寺巡礼』第2集が出版された翌年のことである。

「ステッキを持ってゆっくりとはいって来た土門氏とは初対面だったので、少し方苦しい感じで対談がはじまったが、私は土門氏の人間をいっぱいに感じた。終わってからの雑談にはなおなお土門氏の人間の魅力を感じた」と、そのときの印象を先生は書き記す（対談集『教育と人間』国土社）。

土門さんはエッセイのなかで、800貫とか1000貫という大きな青銅の鐘を撮影したとき、何回撮っても写真がブレるので「今度はそれをとめて撮るんだ」と自らに言い聞かせたと書いていた。先生はこの述懐に「ひどく感動した強い記憶」があって、「とめて撮る」ってどういうことか尋ねた。

「ブレてるといっても顕微鏡的な小さなブレなんですが、紋様がはっきりでないから使えない。目に見えないんだけど、風で釣鐘が動いてるんですね」と、そのときに生じた衝撃が伝えられた。「ブレということは、対象と自分との通い合いの鋭さにつながると思うのですよ。それが教師にも欲しい」と、先生はその言葉を引き取った。そして、教室の子どもたちの「はでやかだったり明るかったりさわやかだったりする瞬間瞬間の表情を読みとっていく」。そういう力が教師にないと、「個性的ないきいきした子どもをつくっていく」ことはできないと述べた。

土門さんは「写真は一瞬しかないのだ。自分自身がシャッターなのだ」と話したと言う（『土門拳　その周囲の証言』朝日ソノラマ）。「よく見る」ということは「対象の細部まで見入り、大事なモノを逃さず克明に捉えるということ」であって、「大事なモノは見れば見るほど魂に吸い付き、不必要なものは注意力から離れる」との指摘もある（『私の美学』駸々堂）。

撮りたい「一瞬」を逃すまいと対象に向き合う土門さんは、その「一瞬」が到来するまで決してシャッターを切らない。もし、現像してそこに「顕微鏡的な小さなブレ」が見つかったならば、何度も現地に足を運んで、その「一瞬」をカメラが捉えるまで粘る。土門拳はそういう写真家であった。

＊　＊　＊

授業をつくる場合、そこでの「一瞬」というのは、写真を撮影する場合のそれとは状況を異にする。授業は45分、教師と子どもたちが教材と向き合ってつくっていく。教材の核へぐんぐん迫っていくか逸れはじめていくか、「一瞬」というのはその分岐点となる瞬間を指す。

斎藤先生は校長であったとき、何度も何度も授業案を練り直させ、教えたいことが自分にも第三者にも分かるようになるまで、教材の世界に身を置かせた。「熊」の授業コメントで挙げた①~④のような、授業をうるさくさせたり、ごたごたさせたりするような働きかけはないか、授業の構想をねんごろに練らせた。そして授業が終わるとその要所となった瞬間を取り上げて、前掲のような指摘を具体的に行い、次の授業に向けて課題を明らかにした。

授業の事前と事後に行う研究には念には念を入れたい。しかし、その2つを密度濃く行うならば、それで授業力が磨かれていくとも言えない。授業が動いている最中に、授業が緩みはじめる「一瞬」を見逃さずに手を打つ。その力は、「授業という具体的な場で苦しく対決」することで練磨されていく。「介入授業」という研究スタイルは、こうして打ち立てられた（「介入授業の意味」『介入授業の記録　上』一莖書房）。

授業が動いていると〝ブレ〟が生じる。斎藤先生はそのつど口をはさんで、授業がうるさくなったり、味気なくなったりしないためにどうしたらいいか、授業者と脳みそを絞った。授業の軌道が正されると、生気が教室によみがえる。子どものその変貌を目の当たりにして、授業感覚をからだに刻む「介入授業」であった。

写真家の土門拳と教師の斎藤喜博、2人の鬼才は「顕微鏡的な小さなブレ」の存在も許さぬ眼力をそなえて、完璧を追い求めてやまない実践者であった。

歌を忘れたカナリア——一人も棄つ者はない

かなりあ

唄を忘れた金糸雀は、後ろの山に棄てましょか　いえ、いえ、それはなりませぬ
唄を忘れた金糸雀は、背戸の小藪に埋けましょか　いえ、いえ、それもなりませぬ
唄を忘れた金糸雀は、柳の鞭でぶちましょか　いえ、いえ、それはかわいそう
唄を忘れた金糸雀は、象牙の船に、銀の櫂、月夜の海に浮かべれば　忘れた唄をおもいだす

西條八十の原詩「かなりあ」は大正７（１９１８）年に「赤い鳥」に掲載され、翌年、成田為三の曲がつけられ「かなりや」と改題された。そして昭和22（１９４７）年には、「歌を忘れたカナリヤ」と再び改題され、「小学唱歌」として国定教科書に載ることになった。

西條さんは、幼いころ麴町のある教会に連れられて行ったクリスマスの夜のことを思い出して、この歌をつくった。その夜、教会堂には華やかに明かりが灯されていたが、西條少年の頭上の電燈は一つだけぽつんと消えていた。「百禽（ももどり）がそろって楽しげに囀っている中に、ただ一羽だけ囀ることを忘れた小鳥——『唄を忘れたかなりや』のような印象を起こさ

せて哀れに想えた。（中略）わたしはいつか自分自身がその『唄を忘れたかなりや』であるような感じがしみじみとしてきた」（『西條八十　唄の自叙伝』日本図書センター）。

映画「北のカナリアたち」は、湊かなえの「二十年後の宿題」『往復書簡』（幻冬舎）を原案として制作された。教師の川島はる（吉永小百合）は、北海道の小さな島の分校で6人の子どもたちを担任し、合唱をとおしてのびやかに育て、「学校はつまらない」とこぼしていた子どもたちには、笑顔があふれるようになっていった。

ある夏の日、子どもたちとバーベキューを楽しんでいるときに不慮の事故が起き、追われるようにして島を離れることになったはるは、東京で図書館司書として暮らしていた。２０年を経たある日、教え子の起こした事件が知らされたとき、「なぜ、あの子が……」と信じられなかった。６人の教え子と音信を取ってそれぞれの歩みをたどっていくうちに、皆は分校に集まることになった。

廃校となってさびれていた小学校のあの教室に入った6人は、当時を思い起こして合唱した。先生の指揮で歌った曲は、思い出深い「カナリア」である。

＊＊＊

私は、小学時代に「歌を忘れたカナリア」を習った。

カナリアは歌を忘れたことで、ひどい仕打ちを受けるところであった。しかし、話を持ちかけられた人は、首を振って同意しなかった。忘れてしまった歌を思い出させたければ、「象牙できた船」に乗せて「銀の櫂」で漕いで「月夜の海」に浮かべてあげましょう。そうすれば「忘れていた歌」を思い出しますよ。

もの悲しく歌い出すこの歌は、最後には美しい絵画が目に浮かぶように展開していく。私にとって印象に残る「歌を忘れたカナリア」であったが、映画「北のカナリア」を観てその歌詞に当たってみると、気に留めずにいたことに気づかされた。「後ろの山にすてましょか」の「すてる」は「棄てる」であって、「捨てる」ではなかったのだ。

「棄てる」と「捨てる」には、どのような違いがあるのだろうか。漢和辞典で調べてみると、「捨てる」は「持っているものを手放す」ことであるが、「棄てる」は「生まれたばかりの赤子を、蓑（ちりとり）に入れてすてる」風習に基づいていて、かけがえのない「いのち」をすてるときに言うと書かれていた。

たとえば、棄民・廃棄・破棄・棄権・棄却・自暴自棄といった熟語から知られるように、「棄てる」が意味するのは「見すてる・打ちすてて省みない・構わない・退ける」といった、強い覚悟をもって行う「すてる」であった。カナリアの分際で歌を忘れるとは何事かと憤って、「棄て去ろう」という酷い仕打ちが思いつかれていたのだった。

＊＊＊

佐久間惣治郎は、明治10（1877）年、千葉県の農村（匝瑳郡須賀村高）に生まれた。農家で生まれた子どもは農家を継ぐのが当たり前で、尋常小学校卒業後に進学が叶うのは経済的に恵まれたごく一部の子弟であった。惣治郎は農作業に精を出したあとで「大学」「論語」「孟子」などの漢籍を読み、理解が難しいところについては書物を借りて考えたり、村の校長先生宅を訪ねて講釈を聞いたりしていた。

勉学にひたむきな姿に少しずつ心を動かされるようになった父は、「それほど学問がしたいなら、師範学校の講習科に行ってはどうか」と、21歳になった惣治郎に許しを与えた。「準教員」の資格を半年で取得した彼は、母校の須賀村尋常小学校の教壇に立った。しかし、実際に教えてみると勉強の足りないことが身に染みて、東京物理学校数学科に入学した。

同校を首席で卒業した彼は山形県立山形中学校に「教諭心得」として赴任し、50年余りの教師人生を送りはじめた。その後の詳しいことは、佐々木久夫『佐久間惣治郎伝——教育の基本は「論語と算盤」』（アートデイズ）に譲る。

理想とする教育を行うことは公立学校では難しい。そのように痛感した彼は大多喜高等女学校の校長を辞し、昭和9（1934）年、私財を投げ打って千葉女子商業学校を創立した。建学の精神は、傾倒している渋沢栄一の理念を活かした「片手に論語　片手に算盤」で、人としての倫理・道徳と算盤に象徴される生活を支える知識・技術の2つを兼備させることである。

惣治郎が根底に置いた教育像・教師像を一言で言えば、「一人も棄つべき者はない」である。「本校の教育」と題された一文（昭和23・1948年執筆）には、次のようなくだりがある。

「悪い性癖の生徒にしても、悪いのを善くするのが教育なので、一度や二度の過失で放校にするのは教育の本旨ではない。（中略）私は退学者を出さないことを主義として来た。私は孟子もいっている通り、至誠を以てすれば動かないものはない。こっちがまごころを以て諭せば必ず生徒は動いて呉れる。こういう考えを持ち、又その通り実行して来た。私の「至誠を以て一貫する」というのは、この信念を表わしたものである。私は一人も棄つべき者はないという教育愛に燃えた教育を本校の方針としてやって行きたいと考える」

惣治郎のこの思想は、西條が「カナリア」に込めた思いと重なっていて、「棄つ」という漢字が重い。ラジオから流れる「カナリア」を耳にしたことがあるのだろうか。鈴木三重吉の編集する「赤い鳥」を読むことがあっただろうか。それとも、生徒と向き合う日々の実践のなかで、「一人も棄つべき者はない」という確信を握りしめたのだろうか。

私学を興して校長となってからの職員会議で、議事がひとたび生徒の過失などによる処分ないしは学習指導法などの問題となると、惣治郎はかっと目を開いて声を大にしてその所信を述べた。「まだまだ我々の努力が足りないからであって、『一人も棄てるべきでない』ということを念願として信ずる道を真一文字に進まれる先生に、頭を下げないわけには行かなかった」と、ある教員は述懐する（前掲『佐久間惣治郎伝』）。

＊＊＊

映画「北のカナリアたち」の終幕では、はる先生役の吉永小百合さんの指揮で歌う6名の合唱が流れる。吉永さんに指揮の仕方を教えた中谷しのさんは、映画のパンフレットに次のように書く。「オーケストラの指揮などと違い、小学校の音楽の先生が指揮する場合は、とにかく子供たちの顔を見て、彼らの歌を引き出してあげることが必要なんです。吉永さんは子供たち一人一人の顔をしっかり見て、笑顔で指揮をしてらっしゃるのが印象的でした」

「一人も棄つ者はない」という信念は、子ども一人ひとりに真摯に向き合って、それぞれが秘める善さをどこまでも引き出すという教育思想である。

「わざ言語」をたくわえて、子どもの可能性をひらきつづける

皆と同じように、○○が上手にできるようになりたい。〝腕〟を上げて○○ができるようになりたい。そのように願うのは、子どもばかりではない。多くの人がそういう願望をもって教えを乞い、コツコツと努力を重ねている。できなかったことができるようになると、自信がみなぎってきて晴れやかになる。試行錯誤を重ねて自分の手でコツをつかめればいいのだが、そのためにもツボを押さえた指摘や適切な助言がほしい。

各界で名人と言われる（た）人たちは、師からどのような教育を受けてきたか。生田久美子さんは「わざ言語」に着目して研究を深めている。「わざ言語」とは、「様々な『わざ』の世界でその伝承の際に頻用されている、科学言語や記述言語とは異なる独特な言語表現」である。生田さんの著書『「わざ」から知る』（東京大学出版会）や編書『わざ言語』（慶應義塾大学出版会）には、伝統芸能や宮大工、スポーツ、看護などで師が弟子に発する「わざ言語」が、例えば次のように紹介されている。

歌舞伎の世界で言えば、中村歌右衛門（五世）は台詞まわしが上手くいかないときに、団十郎（九世）に「口でいわずに腹でいうのだ」と教えられ、尾上菊五郎（六世）は暗闇で蛍を追

う振りに苦労していたときには、「指先を目玉にしたら」と助言された。

佐藤三昭さん（創作和太鼓指導者）は、太鼓の「平準的正確さ」を学ぶ基礎段階で左右の打ち手によって重心が左右に流れてしまう場合には、「ヘソを真下に落とすように打て」と声をかける。この一言で、ぎくしゃくしていた流れは「すとんと直ってしまう」。「不正確なゆらぎ」を身につける段階に入ると、その言葉は「文学的に思想的に哲学的に」変わっていく。例えば、「ぬかるんだ道を歩くように」と言葉をかけると、太鼓の音は「足がゆっくり沈んでスポンと抜けるような」ゆらぎ感覚をもった音に変わっていくと言う。

＊＊＊

冬季スポーツで脚光を浴びるスピードスケートでは、選手はスケートを氷に真っ直ぐ置くのではなくて斜めに置いて蹴っていく。結城匡啓さんは現役時代、その置き方を「ほうきで掃く」という感覚でとらえていた。ほうきで掃くようにしてつなげていくと、氷から力をもらって滑りつづけられたからである。

後進を指導する立場に身を移した後も、「ほうきで掃く」という比喩を用いていたが、うまく通じていかないので「はりつけ」と言い替えた。「はりつけ」には、スケートを氷に置く瞬間をイメージする力があって、小平奈緒選手も3～4年、氷に「はりつけ」ることを心がけて記録を伸ばしていった。あるとき、小平選手は『はりつけ』じゃなくて先生、『はりつかれ』ですね」と自分の感覚を伝えてきた。それは「指標と動感が結びついた瞬間、つまり動作のコツをつかんだ瞬間」であったと永山貴洋さんは指摘する。

現役時代の結城さんの表現「ほうきで掃く」には、「ある時間をかけて地面に接する」というような意味合いがあった。指導する身になってからの「はりつける」には、体が反応して「ピタッと定まる瞬間」の感覚が生かされていた。その感覚は、小平選手には「むしろ勝手にそうなるぐらい」に感じられて、「はりつかれ」と言い換えられたのであった。

結城さんは「よく選手の動きに『潜り込む』」そうだ。「潜り込む」というのは、選手との間にある敷居を取り去り、「自分でない選手」を「自分が動かそうとしながら見る」ことである。佐伯胖さんは「『師』と『弟子』というのはなかば対等であり、たがいに助け合う関係にある」と述べて、次のように語る（「なぜ、いま「わざ」か」『「わざ」から知る』）。

――「師」は「弟子」に教えることを通して、自ら「原点」を問い直し、「素朴な実感からの再出発」をはかる。師は初心者に教えながら、じつはそれを通して、初心者以上に「初心にかえる」のではないだろうか。こうして弟子は、知らずに師に貢献している。／さらに、弟子は師を「理解」しようとすることによっても、師を支え、師との共同作業に「加わって」いることになる。価値の発見や創出に「立ち合い人」として参加することもある。

後進の一人ひとりの動きに「潜り込む」ことをとおして、自らの「スケートの原点」を問い直し、「初心」にかえりながらより適切な「わざ言葉」を模索しつづける結城匡啓さん。そして、結城さんの示す指標を自分の動感と結びつけて理解し、「価値の発見や創出」に立ち合いつづける小平選手などである。

＊　＊　＊

私の「教育方法」の授業では、山村暮鳥の詩「雲」を取り上げて授業案づくりを行う。そして次週には、斎藤喜博先生が小学3年生に行ったこの教材の授業（NHK教育テレビ「教師の時間」昭和54・1979年4月10日放映・『わたしの授業』第4集所収）を視聴し、授業というとなみについて考える。

斎藤先生の授業は詩を声に出して繰り返し読み、作者の想いを感じ取るところに基調を置いている。中盤には、「おうい雲よ」とどのような気持ちで言ったか、このときの作者の気持ちをさぐる場面がある。

（A）ただ元気よく呼んでみた、（B）自分も行きたくて呼んだ、（C）雲を馬鹿にしてかまった。——この3つを板書して、どれだと思うか手を挙げてもらうと、全員が「自分も行きたくて呼んだ」という。何か言いたそうにそわそわしている子どもが目に入ったので、「この3つのどれでもないのなら、ほかのを出して」と指名すると、「友だちのようにあつかっている」と発言がある。

なるほどね、いいね。雲を友だちのようにあつかっているというんだね。雲が自分の友だちのように感じた。雲を友だちのようにしているんだって。——先生は顔をほころばせて板書し、自分の挙げた（A）や（C）より「よっぽどいいね。こんなのをみんなに出して恥ずかしいねえ」と顔をゆがめて、詩の世界を感じ取っている子どもを心から称える。

「こんどは、どんないいのが出るかな」と別の子どもを指すと、「呼びかけるように。話をするように」と言う。「難しいことを知ってるんだね。呼びかける。いいねえ。これもまた二重丸だね。雲に呼びかけてるんだって。雲にお話してるんだって」とそれぞれを板書して、先生は二重丸をつけた。

授業のこの場面から何を学んだらいいか。ある学生は、先生の問いかけやアドバイスは「教材と子どもを結ぶための橋のように思えた」と述べ、先生は「子ども一人ひとりの意見を金魚すくいの如く、破けないように丁寧に丁寧にすくい上げている」と指摘した。

薄紙が貼られて作られている【金魚すくい】の使い方は、とても難しい。お目当ての金魚を取ろうと構えていても、なかなか水面に上がってきてくれない。小さくてもいいから1匹でもすくおうと作戦を変えるが、水を吸って破れやすくなった所からやすやすと逃げられる。「もう1回させて」と親にねだって、ようやくすくい上げることができたときのうれしさは言いようがない。ビニール袋に入った金魚を手にさげ、時おり金魚に目をやりながら家路についた幼い日を思い出す。

教材と子どもを結ぶ「橋かけ」の役割をして、生まれ出てくる発言を一つひとつ宝もののように大事にすくい上げ、その発言をゆたかに意味づけて子どもたちに返す。教師のこの対応が金魚すくいに譬えられる。これは「教える」の一側面にスポットを当てた的確な指摘である。

＊＊＊

すぐれた聞き手のインタビューは話し手の心をいつの間にかほぐして、話そうとは思わなかったことまで語らせて、話し手の〝素〟を浮かび上がらせる。阿川佐和子さんの『聞く力』（文春新書）を読むと、阿川さんは「相手の話を話だけでなく光景として受け入れて」いると述べる。そのようにして話を聞くと、「自分がその人へ、あるいはそこに登場する人々へ乗り移ったかのような感覚」になって、「見えてくること、理解できること、疑問に思うことが新たに生まれ」て、対話が活き活きしてくるからである。

阿川さんはまた、聞き手は語り手の「脳みその捜索旅行に同行し、添いつつ離れつつ、さりげなく手助けをすればいい」とも指摘する。教師も変わるところはない。子どもたち一人ひとりの「脳みその捜索旅行に同行」して、内に秘める可能性を引き出していく。寄り添ってくれているように見えたが、それはほんのしばらくの間で、先生はどこかへ離れていった。――このように感じられてしまう教師のもとでは、子どもの学びの旅は頓挫してしまう。

私たち教師は異分野の卓越者が用いている「わざ言語」やその独特な感覚にも目を向けて、意味するところを玩味しながら、授業の様ざまな場面に活かして子どもを伸ばしていきたい。

立ち往生するということ

高倉健さんが逝去して1年が過ぎた。「幸福の黄色いハンカチ」を見て胸を熱くしてから、私はその後の主演映画のほとんどを見てきた。「〝人を想う〟映画俳優・高倉健」（『クローズアップ現代』NHK・平成26年11月20日）で、キャスターの国谷裕子さんは述べる。

――「どうすれば、あなたのような人になれますか」という若者の問いかけに対して、いい人に出会うこと、人に優しくなるためには、きつい風ばかりに吹かれていてはなれない。いい風が吹きそうな場所に意識して自分のからだ、そしてこころをもっていかなくてはならないと、言葉を選びながら語っていた姿を想い起こします。

高倉健の映画を観るたびに、いい人に出会えた、いい風に吹かれたと私はつくづく想う。

山田洋次さんは「俳優の仕事」には「的確なしぐさとか、セリフとか節回しとか」がいろいろと求められるけれども、「それを超えた先に『味』というもの」がある。「いくら巧みに演じても『味』のない役者はいるんですよね。高倉健はその全体が『味』そのものですよね」と語る（『拝啓高倉健様』ＢＳ１０３・平成27年11月7日）。

俳優は出演するにあたっては脚本を空で覚え、登場人物になりきるために思いつくかぎりのことをする。その点、高倉健が行うことは他の俳優と比べようがない。ロケ地には撮影数日前に入って周辺の街並みを歩いてその地の空気をたっぷり吸い、風情や情緒にもふれて、この地に生きた〝主人公〟を身にとけこませていく。

＊　＊　＊

高倉健に私が見入ってしまう場面は、逡巡に逡巡を重ねて1歩踏み出しはするが思い惑って立ち止まる、「ためらい」のつづく場面である。遺作となった「あなたへ」でも、決めかねて心がゆれて躊躇する時間がつづく。

「彼にとっては言葉が発せられる前の沈黙が特有の演技なのだ」と、「沈黙によって語られているゆたかさ」を指摘するのは、野地秩嘉さん（ノンフィクションライター）である（『高倉健インタヴューズ』プレジデント社）。

――自分の表現を優先する俳優はセリフをしゃべる段になると、ためらいもなく、セリフを発声する。だが、高倉健の場合はここぞというセリフをしゃべる前に一呼吸入る。口を開くまでにためらいが感じられる。大切な言葉をどういう声で言うのか、どういうトーンで話し出すのか、とっさに考えているように感じられる。

「冬の華」などの脚本を書いた倉本聰さんは、高倉さんと会い始めたときに面食らったことについて話す。それは「どうしてこんなに黙っちゃうんだろう」という当惑である。「つらいくらいに黙る。コーヒーを飲んでても、5分、10分黙り込むの平気ですから。こっちはなんか話さなきゃ、感情を害したのかなと思うじゃないですか」（近藤勝重『健さんからの手紙』幻冬舎）。

こういう話を聞くと、高倉健が黙するのは映画のなかでストーリーが求めるときに限られていない。日ごろの会話のなかでもしばしば沈黙して言葉を選び、聞き手を困惑させたようだ。話し手が「…………」と言葉を途切らすと、それが十秒を超える沈黙であっても気が気でなくなる。もし5分も「…………」がつづくとすれば、その沈黙の時間に身を置いていることがつらくなる。倉本さんの心中が察せられる。

『旅の途中』（新潮社）のなかで、高倉さんは「言葉というのはいくら数多く喋ってもどんなに大声出しても、伝わらないものは伝わらない、そういう思いは自分の中に強くあります。言葉は少ないほうが、自分の思いはむしろ伝わるんじゃないかと思っています」と述べる。

「立往生」という言葉は、弁慶が衣川の戦いの際に無数の矢を体に受けながらも、長刀を杖にして仁王立ちしたまま死んだ話に由来する。列車が大雪に見舞われて停車を余儀なくされ、にっちもさっちもいかなくなったときに「立往生」と表現するのは当を得ている。

記者会見の途中、質問攻めにあって言葉を返すことができなくなって、黙りこくってしまう人がいる。そういうときにも、負の意味合いを込めて「立往生している」と言う。頭の中がパニック状態になって言葉がしどろもどろになる。そのことを知った記者たちの追及は一段と激しさを増す。

このような事態を「立往生（A）」とすると、高倉健の「…………」は質を異にする。自身に求められている言葉や行動を決め切れずに逡巡は重ねているが、その内面には普段よりも濃密で重厚な時間が流れている。

会話の中に生じる「…………」には、話し手が言葉を失っておたおたしている「立往生（A）」があれば、適切な言葉を探し出すために知を巡らせている密度の濃い「立往生（B）」もある。納得のゆく言葉や判断を紡ぎ出すためにもつ「…………」、「少ない言葉」でしっかり自分の想いを伝えようと努める「…………」である。

＊＊＊

授業をしていると、子どもから予想しなかった発言が出て言葉を詰まらせることがある。年端もいかない子どもの前で立往生するようでは半人前だと蔑まれるので、そのような事態を要領よくくぐりぬける術を求める教師もいる。

ところが、授業の中で立往生することは教師として成長していくうえで欠かせないと認識し、立往生できる教師を「一人前」と評価する先達がいる。

高等女学校の国語教師を務めていた大村はまさんは、昭和22年、大空襲で焼け野原となった深川の、新制中学の教師に着任した。強制疎開から戻ってきた中学生に、机も黒板も教科書も鉛筆も紙一枚もない工業学校の講堂で授業することになったが、生徒たちは広い講堂をかけずりまわったりしていて、話を聞かせることなどできない。

途方に暮れた大村さんは、西尾実先生に取りすがる思いでその実状を話した。黙って話を聞き終えた先生は「それだけか」と言って、「ワ、ハハハハ」と笑って、「20年の経験がなんにもならないで、教室に立往生している。そういうときにこそほんものになれるんじゃないのかな」と言って、同情の言葉をかけることはなかった。

一人ひとりの子どもに一つひとつ教材を与えて行う大村はまの「単元学習」は、立往生する苦闘のなかから生れることとなった（『授業を創る』国土社）。

斎藤喜博さんは「授業の途中でつまずき、立往生してしまうような授業をみると、授業がへただと思ったり、教師が恥をかいている」と見る者がいるが、「こういうことの起こる授業のほうが、はるかに授業としては質が高い」と真っ向から異論を唱える。「なんの疑いもなく、なんのつまずきもなく授業が平板に進んでいく授業より、はるかにきびしい追求の経験を子どもたちに蓄積させている。（中略）つまずかないのは表面だけをなでて、通りすぎてしまっているからである」という指摘である（『授業』国土社）。

「社会科の初志をつらぬく会」を創始し、静岡市の安東小学校で、教師の〝背骨〟を鍛え、子どもたちの社会認識を磨く実践を繰りひろげてきた上田薫さんは、「生きた授業を成立させるための観点」として、次の3原則を挙げる（『ずれによる創造』黎明書房）。

① 計画はかならず破られ修正されなくてはならない
② 正解はつねに複数である

③　空白を生かしてこそ理解は充実する

そして、この原則を踏まえて「6つの具体策」を挙げるが、その第一は「立往生せよ」である。「立往生は生きた間である。子どもはそこでかたずをのみ、ゆすぶられる。授業はいきいきし、しまりが生まれる。だから1時間のうちに一度は教師が立往生しなければ、その授業は失格だといってよい。立往生できるということのすばらしさを味わってこそ、教師はその職業に生きがいをもつことができるであろう。子どもたちと対してはりつめた苦しい沈黙を3分間もてるようになれば、教師は一人前であると思う」

＊＊＊

ふりかえってみると、私は立往生する授業に2度ほど立ち合った。いずれの場合も教師は突如黙り込み、時計はそこで止まった。不意に訪れた静寂のなかで、子どもたちは当然であるが、参観している私たちも息を呑み、どのような言葉がいつ発せられてくるか固唾を呑んだ。

教師がやおら面を上げて言葉を口にした時、そのときにほどけた教室の空気の感触は忘れることができない。沈黙が解かれて口にされた教師の言葉には、先刻までの子どもたちの思索が活かされていて、そこに「…………」の時間が加わって、船がしばらくの寄港を済ませて出帆したかのようであった。

子どものどのような発言に対しても賢明な対応が瞬時にできるように、教材は多面から多層にわたって研究しておかなければならない。しかし、そのように努めたにもかかわらず、予想できなかった発言が飛び出して対応に苦慮したならば、授業の流れを整えるために「黙考する時間」が必要である。子どもと真摯に向き合い、教材と冷静に向き合い、自分自身と誠実に向き合う「立往生B」のなかで、教師にはしたたかな力量が蓄えられていく。

学力調査ランキングを超える、学ぶ力をはぐくむ学校

2012（平成24）年のプロ野球は、東北楽天イーグルスが日本シリーズを制して幕を閉じた。田中将大投手の活躍は抜きん出ていて24勝0敗、最多勝・最優秀防御率・勝率第1位を独り占めした。24勝という勝数もすごいが、負け試合が一つもないというのは大変なことである。ちなみに、勝率第2位は小川泰宏投手（ヤクルト）の16勝4敗、第3位は前田健太投手（広島）の15勝7敗。プロの選手というのは野球のみならず、公表されるランキングに目を光らせて腕を磨きつづける。ファンの心理も変わりない。

大相撲の番付は横綱・大関・関脇・小結・前頭・十両・幕下・三段目・序二段・序の口と階級が定められていて、その階梯を昇るために力士は朝早くから稽古に励む。十両に上がると「関取」としての処遇を受け、大銀杏の髪型を結って付き人を数人従える。

小学館の『大辞泉』編集部調査「言い間違いされる言葉ランキング」は、とても参考になった（平成25年9月20日〜23日・15歳以上の男女1200人を対象としたインターネット調査）。「言い間違いが多い言い方」のベスト5は、次のとおりである。

第1位　「間が持たない」68、3％（本来の言い方は「間が持てない」）

第2位「声をあらげる」63、9％（本来は「声をあららげる」）
第3位「足もとをすくう」61、3％（本来は「足をすくう」）
第4位「采配を振るう」58、7％（本来は「采配を振る」）
第5位「怒り心頭に達する」54、3％（本来は「怒り心頭に発する」）

言葉はそれ自体も意味も時代によって変遷していくもので、必ずしも「間違い」とは言い切れない場合もある。——このように注釈が加えられている。たしかにそうであるに違いはないが、指摘されている「言い間違い」のほとんどが私にあてはまっていて冷や汗が出る。

＊＊＊

全国学力・学習状況調査（小学6年生と中学3年生対象）が再開されたのは、2007（平成19）年であった。実施科目は国語と算数（数学）、出題は知識力を問う問題（A）と知識活用力を問う問題（B）に分かれ、25年度より公立学校のすべてが調査対象となった。

成績平均値の公表は「都道府県単位」に留められていて、学校別の公表は禁じられている。この6年間、小中学校ともに秋田県が首位を占め、それに福井・石川・青森と東北・北陸地方の各県がつづく。秋田県内の小中学校には、学力アップの秘訣を探ろうと訪問者が絶えないという。

ところで、25年度の小学校の「国語A」の全国最下位は静岡県で、県内507校の平均点は57．7％、全国平均を5ポイント下回った。その報を聞き知った川勝平太県知事は怒り心頭に発して、全国平均に点数が届いた小学校86（全県校の17％）の校長名を公表した（2013・平成25年9月20日）。

それは次のような思いからである（県ホームページ「ようこそ知事室へ」）。

・よい教師に恵まれれば、その学校の教育水準はあがります。逆も真です。子供の能力を引き出すのは先生方の仕事です。子供の学力は教師の指導力・授業力に大きく依存しています。
・小学校の校長は、その学校全体の教師の授業力・指導力をあげる責任をもっているので、責任をもっている者の氏名を公表するのです。
・成績が上位の小学校の校長名を公表したのは、校長にもまして、その学校で実際に指導にあたっている多数の現場の先生方を褒めるためです。

もっともな指摘であるが、知事が公表したかったのは、実は「成績下位１００校の校長名」であった。その公表を思いとどまったのは、当該校長への懲罰的な色合いをぬぐい、下位校で学ぶ子どもやその親が教師に対して不信感をいだくことを避けるためである。

「平均点の学校別公表」は大阪市などからも求められていて、文部科学省は同年11月末、教育委員会の判断で公表可能と方針を転換した。貴重な予算で実施する調査であるので、保護者への説明責任を果たす必要性があること、公表することによって教育の質の向上に向けた取り組みの推進が期待できることなどがその理由である。

ただし、公表にあたっては次の5点の配慮が教育委員会に求められた。

- ・平均正答率のみの公表は禁止
- ・分析結果や課題の改善方策も併記
- ・学校別平均正答率の一覧や順位付けは禁止
- ・学校との事前相談
- ・個人情報保護や地域事情への配慮

＊　＊　＊

ランキングと銘打った番組や記事があると、私たちはついつい目を向けてしまう。テレビや週刊誌は人びとのその関心に応えて、視聴率や売り上げのランキングから一番おいしいラーメン屋さん、最近話題の商品、危ない大学、東大合格高校のランキング等などを折にふれて掲げている。それらのほとんどは、知ってもいいけれども、当事者でなければさほど気に留めることのないランキングと言っていいかもしれない。

学校別の平均正答率ランキングの公表は、どのように受け止められるであろうか。「順位付けの禁止」がうたわれるというのは、小耳にはさんでいつか忘れられていくような類いではないことが明らかだからである。しかし、「学校別の平均正当率」が公表されるならば、「順位付けの作業」はたいして手間をかけずに行える。

都内のある不動産会社は、物件を紹介する際に「周辺校の成績一覧を示すかも知れない」と述べている（朝日新聞・平成25年11月30日）。ＡＫＢ48には、総選挙があって順位が昨年より1つ上がった2つ下がったと、喜んだりガッカリしたりする。そういうたわいないランキングとは明らかに異なって、学力調査の順位付けはその波紋を学校の内外に広げていく。

忘れてはならないことは、ランキングにはトップがいれば必ず最下位がいる、平均以上が半分いるとすればそれ以下も半分いる。最下位から抜け出そうとするならば、替りに誰かを最下位に落とさなければならないということである。

＊　＊　＊

斎藤喜博さんは、１９５２（昭和27）年から63（昭和38）年までの11年間、群馬県の純農村部にある島小で校長を務めた。「いじけて小さくなっていた子どもたちが、授業や行事でつぎつぎと自分の可能性を引き出され拡大されることによって、生き生きとなり豊かになり鮮烈になっていった」と書き記されている（『教育学のすすめ』筑摩書房）。

子どもたちのその姿は、公開研究会の折に、一万名を超える参観者がしっかり見届けた。私たちは写真集『未来誕生』や記録映画『芽を吹く子どもたち』、合唱集『風と川と子どもの歌』で、のびやかに学ぶ子どもたちの姿を目にすることができる。

しかし、「子どもはたしかにのびのびとしているが、基礎学力は落ちている」とか、「文科系の教師ばかりだから、国語は良いが算数や理科は悪い」と、無責任な中傷を浴びせる者たちがいた。斎藤校長はそのような侮辱から子どもたちと教師たちを守るために、県立教育研究所に依頼して標準学力テスト（国語・算数）を受けさせた。すると、算数は6大都市の標準をはるかに上回る成績で、国語も全国の中都市の平均並みであった。どの学年も得点分布の山が満点の方に位置していたし、上学年にいくほど成績が良くなってもいた。

なかには、「島小は学校規模が小さいから、ああいうことができるのだ。規模が大きければできはしない」と冷めた目で見つめる者もいた。斎藤校長は「学校の規模がもっと大きくなれば、もっと早く、もっとすぐれたものが生まれてくる」ものだと発言し、境小（児童数約1000人）の校長に異動したのちには、全校児童による二部合唱を野外で行ったり、どの子どもにも跳び箱やマット運動をしなやかに演じさせたりして、教育の世界の豊饒さを世間に示した。

平素から授業を大事にして追究力をつけ、音楽・体育・図画工作などの領域でも子どもの素質を伸ばしていれば、基礎的な学力は着実に身についていく。子どもたちはむさぼるように知識を吸収して賢く成長していくものである。

第3章　育つ世界のゆたかさ

手袋と「つなぎあう手と手」
――いもとようこと小島裕治

朝日新聞生活面の「ひととき」欄に、神山順子さんの次のような投稿「手袋よりあったかいね」が載った（２０１４・平成26年3月5日）。

娘夫婦の家の近くに住む神山さんは、共働きの親が帰宅するまで２人の孫娘（小学４年と１年）を預かっていた。12月のある夕方であった、下の孫娘を学童保育の迎えに行っての帰り道、急に冷え込んできた。妹は「寒いから手袋貸して」と姉にねだった。

はずした片方を渡されると、両手を無理やり入れて温めようとしている。「手袋はお互いに片方だけにして、してない方の手をつないだら、両手とも温かくなるよ」と言って姉が手を握ると、妹は力を入れてぐっと握り返し、「ほんとうだ。あったかいね――」と笑みを浮かべてスキップし始めた。

神山さんの投稿は次のように締めくくられる。「仕事に忙しい娘夫婦は、子どもたちと過ごす十分な時間がない。ちゃんと育てられているのか、娘はいつも気にしている様子だったが、そんな孫たちのあたたかなやりとりを見て、私は素直に育っていると安心した。子どもたちはきっと両親だけでなく、周りの人たちに教えられ、支えられているのだ。／傍らの私もすっかりうれしくなって、一緒に手をつないで歩き出していた」

手と手をつなぐと、手袋をするよりあったかい。――このことを、〝温かさ〟を握りしめて知った妹は、姉と祖母と家路へ向かって行った。

＊＊＊

いもとようこさんの創作絵本（『つきのよるに』『ずっとそばに…』等）は、私たちに「いのちをいつくしむ心」をはぐくんでくれる。選りすぐった言葉で語るお話と、和紙をちぎって貼りあわせて描く絵でひろがるその絵本の世界は、ほんとうにあたたかい。

ある日、いもとさんのもとに、講談社の編集者から「創作の参考になれば……」と神山さんの新聞投稿が送られてきた。想いが大きくふくらんだいもとさんは、2月後、主人公をうさぎの【みみたん】として、姉うさぎとおばあさんうさぎが登場する絵本『てぶくろ』を届けた。

――雪が降りしきる学校からの帰り道、姉に手袋の片方を貸してもらった【みみたん】は、「わあー、あったかーい！」と喜び、「もう片方も貸して」とねだった。姉は黙って手を握り「こうして手をつなげば……あったかいでしょう！」と話す。手をつなげば手袋は一つでいい。【みみたん】は迎えに来たおばあちゃんとも手をつなぎ、「おばあちゃんとおねえちゃんと3人で手をつないでも、手袋は一つでいいんだね！」とはしゃぐ。

「じゃ、きつねさんとたぬきさんとねこさんと手をつないでも、手袋は一つ？」と姉に聞くと、「そうよ」と教えられる。「じゃ、もっといっぱい手をつないでも、やっぱり、手袋は一つでいいんだね！」と念を押すと、姉はうなずいて、「世界中のみんなが手をつなげば……、手袋はいらないのよ！」と教える。

絵本の最後の見開きページには、雪の降るなかで、世界中の動物たち（そのなかには、人間の子どもも交じって）が、まあるく円を描いて手をつなぎあっている。１００人であれ一億人であれ、手をつないでまあるくなれば、手袋はなくても温かさにつつまれて笑顔がひろがる。

「おねえちゃんとみみたんの話を聞きながら、おばあちゃんの心はぽっかぽかでした」と書き記して、いもとさんはお話を閉じる。

＊　＊　＊

小島裕治さんは、４歳のとき、ダンプカーに轢かれて両手両腕をなくした。足を使って何でもできるように練習を重ね、スプーンを足の指ではさんでご飯が食べられるようになった。小学生になると箸が使えるようになり、習字もソロバンも習得していった。

「僕の足は、いろんなことを覚えた。みんなの手と同じようにいろいろできるようになって、小学校の高学年の頃には障がいなんて忘れていた」（『足でつかむ夢――手のない僕が教師になるまで』ブックマン社）。今では、ふつうの人が手でボタンを留めるのと同じスピードで、足の指と口を使って留めることができ、〝ふつうの生活〟を送っている。しかし、世の中の冷たさや非情さに出遇うことは数えきれなかった。幼いときは「手なし人間」とからかわれたし、大人になっても両手が無い身をジロジロ見つめる視線に囲まれてきた。

大学時代に友人と洋服店に買い物に行ったときの衝撃は、今も忘れていない。気になるジャケットがあったので、靴を脱いで足でつまんでサイズや値札を確認しようとしたときである。「うちの商品に足で触るとはなんだ!」と店員に怒声を浴びたのだ。

小島さんは大学院の修士課程を修了したあと、中学校の英語の非常勤講師を勤め、3度目の教員採用試験で合格して正規教諭の道を開いた。講師として最後となった授業では、途切れる言葉をつないで次のように話した。

――みんな、自分の両手を開いてごらん、それを見ながら聞いて欲しい。みんなには健康な両手がある。だけど世界ではその両手を使ってさ、人を殺したり、人をいじめたりする事件がたくさん起きている。みんな、もし、今まで、その両手を、人を傷つけるために使ってしまっていたら、今日からでもいい。人のために使ってください。いいか！　みんなの両手は、人を傷つけたり、不幸にするためにじゃなく、困っている人のため、そして、自分の夢を叶えるために使って欲しい。

じっと耳を傾けていた生徒からは、「先生、泣いちゃいなよ。我慢しちゃあいかんよ。涙だもん」と、小島さんの想いをおもんばかる声が届けられた。

＊　＊　＊

小島さんには、小学生に講演する機会がときどきある。あるとき、4年生の女子に「もし、神様が『手をあげるよ』と言ったら、手がほしいですか?」と質問された。子どもらしいと言えば子どもらしいが、ドキッとさせられる質問である。

小島さんは少々面食らったが、「もし手があったら……」といろいろ考えめぐらせて、次のように答えた。

――手がなかったことで、今こうしてみんなに出会えて、自分の話をする機会ができた。こんな経験は手があったら絶対にできなかったこと。だから、手がなくて良かったと思っている。たくさん傷ついたけど、その分、弱い立場の人のつらさや悲しみを理解できた。もし神様が手をくれたとしても、僕は受け取りません。今の人生がものすごく楽しいから。手があったら、僕のまわりの人に感謝の気持ちを持てなくなるから。手はいりません。

子どもたちは、「両手のある人たちをうらやましく思っているだろう」と推測していた。しかし、思いもよらない言葉が返ってきて、「手というもの」をとおして生まれた小島さんとの出会いを深くかみしめることになった。

『足でつかむ夢』の「おわりに」で、小島さんは「もしも今同じ質問をされたら、YESと答えるだろう」と、小島さんはもう一つの別の想いを吐露する。

――やっぱり、手がなかったことは、とても、とても、言葉には表せないくらいつらいつらいことが多すぎた。できないことが多い。体育の授業はいつも見ているだけ。自転車に乗れないから、いつも走らなきゃいけなかったし、雨の日に傘を差して学校に行くのがどれだけ疲れて、大変だったか。（中略）「障がいを乗り越えられて、すごいですね」と言われるが、「乗り越える」なんてことは決してないんだ。「手がない」という障がいは乗り越えられない。

小島さんには、気持ちの沈む日々が少なくなかった。「手がない」ということは、誰が考えても「乗り越える」ことのできない障がいである。その切なさを受け容れて、両足に手の代役を努めさせて生きる日々を送ってきたのだ。

小島さんは、今のその思いと子どもたちに語ったもう一つの思いを重ねて、次のように話をつなげる。「僕には手がない。でも、助けてくれる手は、まわりにたくさんある。そのことに気づいたとき、とても楽になった。両腕はない。だけど、この両手で夢をつかんだんだ」

小島先生のクラスの中学生たちが学んでいること、それは、足の指にチョークをはさんで黒板に書かれる字を介しての英語だけではない。「人が人と共に生きる」という、人間としてもっとも根源に置きたいことをたいせつに心に刻んでいる。

それは、手のない人とも心をつないで〝手〟をつなぐことができるということであり、遠く離れたところの人とも、〝手〟を差し伸べるならば温かさを感じて過ごすことができるということであろう。

佐藤真海――「絶望」をくぐりぬけたそこぬけの笑顔

2020年夏のオリンピック・パラリンピック開催都市は、イスタンブールかマドリッドか東京か。注目のIOC総会がアルゼンチンのベノスアイレスで開かれた。3都市はそれぞれに難題をかかえている。

福島第1原発から今も汚染水が外洋に垂れ流されていて、原発事故のコントロールが十分になされていない日本での開催は避けたほうがいい。世界の世論はひときわ厳しかったが、安倍首相は次のように言いきって、その不安を一掃した。

――東京は「この今も、そして2020年を迎えても、世界有数の安全な都市」に変わりなく、「フクシマについてお案じの向きには、私から保障をいたします。状況は統御されています。東京には、いかなる悪影響にしろ、これまで及ぼしたことはなく、今後とも及ぼすことはありません」。

「汚染水は港湾内の0．3㎢の範囲内に、完全にブロックされている」とも、記者会見で発言した。滝川クリステルさんは、「お・も・て・な・し」の日本文化をフランス語で紹介して、治安上「東京は世界で最も安全な都市」で、「来訪者全てに生涯忘れ得ぬ思い出をお約束します」とアピールした。

東京開催の流れは「おもてむきの首相の断言」と、ジェスチャー入りで一語一語くっきりと伝えられた日本語「お・も・て・な・し」で決まっていったのだろうか。

＊＊＊

東京招致を訴えるプレゼンテーションのトップバッターは、佐藤真海（まみ）さんであった。そのスピーチはなめらかな英語で笑顔をたたえて行われ、国や地域の違いを超えて、人びとの心に沁みわたることになった。

「19歳のときに私の人生は一変しました。私は陸上選手で、水泳もしていました。また、チアリーダーでもありました。初めて足首に痛みを感じてから、たった数週間のうちに骨肉腫により足を失ってしまいました。もちろん、それは過酷なことで、絶望の淵に沈みました」

佐藤さんにとって、身に生じた〝現実〟を受け入れることは怖くて、膝下から先を欠いた右足をまともに見ることはなかなかできなかった。2月経って義足を付けたが、その《足》は冷たくて硬く、〝血が通ってくる〟までに長い時間を要した。

佐藤さんを支えた言葉、それは病気が告知されて落ち込んでいるときに母から贈られた《神様はその人に乗り越えられない試練は与えない》である。気が滅入ってしまうと、この言葉を思い起こす。――私ならばきっと乗り越えられる。神様はそう信じて「この試練」を与えているんだ。「この試練」を乗り越えれば、見違えるように成長した自分に出会うことができるんだ、と。

おそるおそるプールに入ってひんやりした水に身をひたしていると、泳ぎまわっていたときの楽しさがよみがえる。グラウンドを走り（それは歩いているのに近かったが）、まわりの景色が流れて風を感じると、走るって気持ちいいなと思う。「在りし日の自分」が目を覚まし、「走る」ことの延長として「走り幅跳び」をしてみようと思うようになっていた。

走り幅跳びは「人と競うのではなく、自分の記録をのばすスポーツ」である。「一つひとつ目標を決めて、一つひとつ乗り越え」ていくと、「自然に記録ものび」ていく。スタートして思いきりよく踏み切って空中に飛び出し、「ふわりと長く感じられる」瞬間を味わって、できるだけ遠くに着地する。そのわずか数秒間が何ともいえず楽しい（『夢を跳ぶ』岩波ジュニア新書）。

佐藤さんはプレゼンの後半で、東日本大震災についてもふれた。

――2011年3月11日、津波が私の故郷（気仙沼）を襲いました。6日もの間、私は自分の家族がまだ無事であるかどうかわかりませんでした。そして家族を見つけ出したとき、自分の個人的な幸せなどは、国民の深い悲しみとは比べものになりませんでした。

そして、多くのアスリートたちと被災地を訪れ、スポーツ活動をとおして、人びとが自信を取り戻すお手伝いをしたことを述べ伝え、次のようにスピーチをつづけた。「そのとき初めて、私はスポーツの力を目の当たりにしたのです。新たな夢と笑顔を育む力。希望をもたらす力。

人びとを結びつける力。200人を超えるアスリートたちが、日本そして世界から、被災地におよそ1000回も足を運びながら、5万人以上の子どもたちを鼓舞しています」

＊　＊　＊

子どもにやさしく接しよう。ほとんどの教師はこのように心がけて、子どもにかかわっている。しかし、そう思って差し出している言葉や行動は、「やさしくしてもらった」と受けとめられているだろうか。

先生方は、子どもに本当にやさしくなるということはできないのです。——林竹二さんのこの指摘を『授業の成立』（一莖書房）で読んだとき、私は身が引き締まった。私が子どもや学生に差し出しているのは「やさしくしているように見えて、実は、やさしさとは似て非なるもの」なのか、思わずふりかえらざるをえなかったからである。

林さんはつづける。「本当にはげしく厳しい人生を生きた人でなければ、子どもに心底から本当にやさしくなるということはできないのです。なまぬるい生き方をしていては、本当のやさしさというものとは、無縁です。そこに教師の一つの大きな問題がある」

次のようにも指摘もする（林竹二・遠藤豊吉『授業を変えなければ子どもは救われない』太郎次郎社）。「人間のやさしさというようなものはやはり自分自身がきびしく生きて、絶望をとおった経験がないと身につかない。ほんとうにやさしくなることはできないんじゃないかと思っているのです。しかし、教師にはそういうきびしいところで生きた経験がない人が多い。学問的にきびしく問題を追究した経験にもとぼしいし、生きるということ絶望するような経験も少ない。それが教師を冷たい、傲慢な存在にしていると思うのです」

生き方がなまぬるくなるのは、自らを甘やかして生きているからにほかならない。まわりの人たちにも甘い言葉をふりまいているのだが、当人はそのことに少しも気づかない。「きびしいところで生きた経験」を肥やしにして生きている人は、ぬるま湯につからせておくような甘ったるい対応をすることはないのだ。

子どもが教師に求めていること、それは「気骨を鍛えてくれるやさしさ」であろう。力を抜いて適当に行っているときにはそれをきびしく指摘し、力をふりしぼって取り組んでいるときには心から称えてくれる。そういう教師と過ごす日々の密度は濃い。甘い言葉をふりまく教師から感じ取れるのは、「冷たさ」であったり「傲慢さ」であったりする。

授業に臨むにあたっては教材研究をとことんやりぬくこと、私は林さんの指摘をこのようにも受けとめ、教材をきびしく追究する経験を重ねて、「やさしさに包まれたきびしさ」を少しでも身につけていこうと決めた。

＊　＊　＊

ベノスアイレスから帰国した佐藤さんは、テレビ番組に次々に出演してその半生を語った。私には想像できないほどの「絶望」を感じて生きてきた佐藤さんであるが、そのような〝歴史〟を感じさせることがない。そのことにふれるにしても淡々と述べ、その「絶望」をくぐりぬけてはじめて手にすることになった「生きている喜び」を、あふれる笑顔で語る。

佐藤さんは各地の学校で子どもたちに語ったり一緒に走ったりすることがある。子どもたちは、どのような思いを抱くだろうか。『とぶ！　夢に向かって』（学研）には、次のような感想が載っている。

○命と同じくらい大事な足を失っても、がんばっている真海さんを見て、ぼくは、うじうじしてはいけないなあと思いました。（5年生・男子）

○義足は生まれてはじめて見て、初めてさわりました。すごくかたくて、おどろきました。義足での走りは、すごく速くて、不思議に思いました。（4年生・女子）

○ほんとうは思い出したくないことを話すのはむずかしいと思うけど、はずかしがらずに話してくれて、うれしかったです。（5年生・女子）

子どもの内面に涌き上がる思いは、こうして文章に書き綴られるだけではない。しっかりとつないで離さないその手のぬくもり、帰りぎわに見えなくなるまで追いかけてきて手を振る姿、その一つずつがいとおしくて心に刻まれる。「私を支えてくれているすべての人」を、心の中で「チーム真海」と呼ぶ佐藤真海さんである（『夢を跳ぶ』）。

思いを届ける・思いが届くということ

聞く耳を持たぬ子ども多くなり疲れて帰る夕べの寒し

この日、重い足取りで帰路につく教師がいた。夕暮れの肌寒い外気のせいではなく、芯から身にひろがる寒さを感じて家路につく教師である。自分の話など聞こうとしない子どもたちが多くなっていて、気分が重くなっているのだ。

廊下越しに目に入る隣の学級の子どもたちは、先生の話をじっと聞き、友達の発言にも耳を傾けて授業を受けている。「聞く耳を持たない子ども」が私の学級に多くなっているのは、子どもの側に問題があるのではない。私に教師としての力量が足りない。「聞き逃してはならない」と思わせるような語りかけができていないことによる。悶々として家路をたどる教師である。

作者の思いを以上のように推察して、私はこの短歌を味わう。

＊　＊　＊

声はしっかり聞こえていて、言われていることも分かるが、自分に話しかけられているとは思えない。話しかけたいのは周りに居る誰かだろうと思っている。そういうときが私たちにはある。

劇作家の竹内敏晴さんから学んだ「呼びかけのレッスン」を、私は教育実習前の学生に行う。目をつぶってひし形に近いかたちに座る9人の学生の中の〝この人〟に、数メートル離れた所から「おはよう」といった言葉を送る。

自分に呼びかけられたと思う学生は手を挙げ、自分より前の人が呼びかけられたと思ったら前の方を、右横の方の人だと思えばその方を……と指さしていく。すると、呼びかけた相手の学生は、自分ではないと判断して手を挙げない。何人もが挙手したり、誰もが名乗らなかったりするときもある。自分の声はどうしてあいまいな軌道を描いていくのか、9人の学生の反応を知って思わず考え込む話し手である。

聞き手として座っている学生はどうか。呼びかけられるのは自分かもしれないと、耳をそばだてる。「声の軌道」など気にすることはなかったのだが、耳を澄ましているとその軌道がうっすらと見えてくる。手を挙げようかどうかためらったあげく、「もしかしたら……」と自信なさそうに挙手する学生が多い。しかし、間違いなく自分に呼びかけられたことを、さっと挙手して伝える学生もいる。

竹内さんは、「話しかけをくり返し試みていると、たぶん見ている人も含めてみんなに、声がまっすぐ当たった、とどかないで下に落ちた、上の方へ逸れて行ってしまった、と、はっきり目に見えるようになって来ると思います」と述べる（『劇へ――からだのバイエル』（星雲書房）。

このレッスンの主眼は、「聞く」という行為に〝目を覚まさせる〟ところにある。しかし、話す側が心しなければならない問題もとても大きくあって、竹内さんは次のように指摘する。「ほんとうに相手に話しかけたい、働きかけたいという意欲が自分の中に動いて声を発するのでなければ、声がとどいた場合でも、相手は動かされない。話の内容は理解しても、話しかけられたと感じない」

＊　＊　＊

この夏（２０１４・平成26年）、私はテレビドラマ『あすなろ三三七拍子』（原作　重松清）を楽しみに見た。

平成のこの時代でも、学ラン姿の大学応援団がいる。団員は試合には背を向けて、応援する学生の方に目を向け、学生の表情や歓声からプレーの動きを読み取って、時機に適う指揮をしていく。

俺ら応援団がいくら頑張っても、ホームランが打てるわけじゃないですよね。野球部が頑張れば勝てるわけじゃないですか。俺らの応援が選手に届いているか、分かんないじゃないですか。「ほんとうに力になってるのかな?」って、そう思いませんか。――

45歳になる社会人学生の団長藤巻大介（柳葉敏郎）は、そのように若い団員に食いつかれ、「正直、自分も……」と第38代団長斎藤裕一（反町隆史）に話す。斎藤はがっくりして諭す。

「お前、まだ応援団になってないのぅ。本気で応援していれば、自分の応援が届いているかなど考えることはない。頑張ってもらいたくて、とにかく声を出す。それは〝祈り〟に近いな。自分なんかどうでもいい。相手のことだけや」

末期ガンで意識が薄れつつある元エースの野口康夫は、団員となった息子の健太にベッドから細い声で話した。「人間には、人のことを応援できる人間と、応援できない人間の2種類がいる。人のことを応援できない人間は、人からも応援してもらえない。お前は応援団に入ったんだ。とにかく心から応援できる人間になれよ」

そして、次のようにつづけた。

――俺は、人のことを応援できる奴を2人だけ知ってる。俺の同期の斎藤と山下だ。俺はマウンドで投げているとき、あいつらに励まされて投げぬいたんだ。ピンチになってうつむいたとき、スタンドから山下の太鼓が聞こえてくる。顔を上げんかい。まだ、負けたわけではないぞ。そうやって、山下の太鼓に励まされて、顔を上げると、スタンドのてっぺんに斎藤が掲げる団旗が見えるんだ。風の強い日に、旗が音を立ててバタバタと広がっても、あいつはビシッと旗を立てている。それを見てると「俺も頑張らなければ……、ここで逃げ出すわけにはいかない」と思って立ち直れたんだ。

でも、やっぱり打たれて「もうだめだ」と思えて、心が折れそうになったときに、斎藤と山下のバカデカイ声が聞こえてくる。あいつらが俺を信じてずっと声を出してくれている。だったら、俺もその思いに応えなきゃと思って粘って粘ってひたすら投げぬいたんだ。健太も、あいつらみたいに心から人のことを応援できる人間になれよ。

見舞いに訪れて、このことを伝え聞いた斎藤と山下は、自分の応援がしっかり届いていたことを知って、感極まった。そして、病院の中庭に出て雨の中をずぶ濡れになって、声には出さぬがいつもの身振りで「がんばれ、がんばれ」と励ましつづけた。

〝祈り〟に近いその応援は、酸素吸入器を口にする2階のベッドに届いていた。一筋の涙が目尻から落ち、野口はしばらくして息を引き取った。

＊　＊　＊

斎藤喜博先生は各地の小学校等に年に数回指導に入り、子どもの可能性を限りなく引き出す事実をつくりつづけた。その成果を披露する公開研究発表会では、きびしく追究する授業が全学級で公開され、子どもたちは跳び箱などの演技を披露し、また大勢の参観者に合唱も発表した。

本番を控えた前日、斎藤先生にはまだ十分とは言えないところが目に入る。しかし、先生は1つか2つの個所に少しの指導を加えてそれで終える。先生の助言を受けると、合唱がゆたかに変わる。――――子どもたちはこのことを身をもって知っていて、発表会当日は、先生の指摘を合唱のすみずみまで活かして歌う。

ところで、舞台に立つ子どもたちには、私たちの想像を超える感覚が研ぎ澄まされていた。

客席最前列に座っている斎藤先生をしっかり視界に収め、先生の指先が小さく、ほんとに小さく動くと、「何かが伝えられている」と心をめぐらせ、その願いを瞬時に推しはかって歌った。

このことが子どもの感想文を介して知らされたとき、私は胸が熱くなった。「思いが届く・思いを届ける」という世界は、このように気高く奥深いものとして在った。

なにげに、さりげに、違くない
——用例集めから始まる辞書づくり

飯高浩明さんの『辞書を編む』（光文社新書）を読むまで、『三省堂国語辞典』（略称『三国』さんこく）は私には縁がなかった。『三国』がひろい目配りのもとに編纂されていることを教えられ、私はさっそく同辞典を買い求めた。そして、6年にわたる改訂作業が最終段階に入っていると聞かされ、「第7版」の出版を心待ちにした。

『三国』は見坊豪紀さんが編集主幹となって、1960（昭和35）年に世に出た。その基本方針は「実例に基づいた項目を立てること」と「中学生にでも分かる説明を心がけること」の2つである。「第7版」（2014・平成26年1月10日発行）はその序文で、編纂者の心意気を次のように伝える。

——昔から変わらないことばはもとより、新しく生まれたことば、意味や形が変わってきたことば、誤解されていることばなどもありのままに記述しよう。しかも、中学生から年配者に至る幅広い年齢層の人々にわかりやすく解説しよう。

＊　＊　＊

約8200０項目を収録する『三国』の最終項目は、「んーん」である。【①ひどくことばにつまったときや、感心したときなどの声。うーん。②〔二番めの音（オン）を下げ、または、上げて〕打ち消しの気持ちをあらわす。ううん。】

「んーん」の登載を決断したのは見坊さんであるが、その用例収集力のみごとさは脈々と引き継がれて今日に至る。「この『んんん』の用例を得るために、なんと10年以上を費やして探し回ったといいます。見坊ならではの労力のかけ方です。／現在、他の辞書には、まだ「んんん」は入っていません。見坊に敬意を表した結果か、それとも、不要なことばとして判断したのかは分かりません」

今回の改訂で、約4000項目が新しく収録された。その一つに「見ろ」がある。「見ろ」は動詞「見る」の命令形で、登載する価値があるとは思えない。しかし、『三国』は「感動詞」として用いられている「見ろ」に着眼した。【①相手の注意を引くことば。ほら。言ったとおりだろう。見なよ。「―、今のせりふ聞いたか」②ざまあ見ろ。「―、おれだって、できるんだ」】

言われてみれば、たしかにそのとおりである。「そら、見ろ！」と口にすることが私にもある。このときの「見ろ」は、「しっかり、見ろ」とある対象への注視を促すものではない。「言ったとおりじゃないか」と、得意げに誇らしげにもらす言葉である。

今の日本で実際に広く使われているのに、他の辞書が見逃していることばを発見したときに、喜びを感じます。そのようなことばをなるべくたくさん拾って、辞書に載せたいと思います。

——飯高さんのこの思いは、『三国』の編纂にたずさわるすべての人たちの思いとなっている。

飯高さんによれば、大きな辞書も見逃していて『三国』のみが登載する用例には、耳をダンボにする（聞きもらさないよう注意する）、足で書く（歩きまわって調べたことをもとに文章を書く）、事を運ぶ（ものごとを順を追って実行する）などがある。暮らしに息づく言葉たちをすくい取る『三国』の手腕に敵う辞書は、ほかにはない。

＊＊＊

この年齢になると、学生と話していて違和感を覚えてならない言葉がいくつも出てくる。その一つは「なにげに……」である。『明鏡国語辞典』（２００２・平成14年12月１日発行・大修館書店）は「なにげない」の項目で、【近年「何げなく」「何げなしに」を「何げに」と言うが、誤り】と断じる。

『岩波国語辞典』（２０１１・平成23年11月18日発行）も【「何気無く」を「何気に」と言うのは１９８５年ごろからの誤用」】と指摘する。私もまったく同じ認識で、「なにげに……」と聞かされるとイライラしてきて、「何げなく」が正しんだと口酸っぱく注意する。

『三国』を引いてみて私は驚いた。なんと「なにげに」は一項目として登載され、しかも、その説明に7行もが費やされているのだ。【なにげなく。なんとなく。「—時計をみたらもう十時だ」②さりげなく。「—ピーマンを食べ残していた」③〔表面はなにげないようすで〕意外に。けっこう。「ほめられると―うれしい・お茶が―おいしい」▽〔1970年代に例があることばで、1980年代後半～90年代に広まった〕③の意味は21世紀になって広まった〕】

耳をダンボにして聞き留め、足で書いた「なにげに」は、堂々と屹立していてまぶしい。私の耳の硬直さに恥じ入らざるをえない。「ほめられると、なにげにうれしい」と語る学生は、「意外に」とか「けっこう」という意味合いをさりげなく込めて使っていた。訳の分からない私の叱責に、きょとんとしていたのだろう。

しかし、私は「さりげに……」については「間違いだ」と、指摘しつづける。なぜなら、『明鏡』では【「さりげなく」を「さりげに」というのは誤り】と断じ、『岩国』も「「さりげなく」の意味で「さりげに」というのは誤用」と述べ、『三国』(第7版)もその登載を見送って、そっけない対応をしているからである。

学生の使う言葉で気になる言葉が、もう一つある。それは「違くない」「違かった」である。『明鏡』は【「違く」の形で形容詞のように使うのは誤り。「×実力はそんなに違くない→○そんなには違わない」、「×AとBは方針が違く、→○違っていて、」】と、その断じ方は「何げに」に比べて格段に厳しい。「違う」はれっきとした動詞であるのに、形容詞の「美しい」などと勘違いされ、「美しい・美しくない・美しかった・美しければ」に倣って、「違う・違くない・違かった・違ければ」と活用させている。これは、とんでもない間違いである。

『三国』はどう扱っているだろう。項目として掲げることは控え、「違う」の3つ目の意味

「差がある」の後に、【俗に、「ちがっ（てい）た」を「ちがかった」、「ちがっ（てい）て」を「ちがくて」、また「ちがうよ」を「ちげえよ」と言う】と付記するだけである。

「俗語」とは、「世間で日常的に使われている話し言葉」（『明鏡』）で、「正式な場面では使わないほうがいい、くだけたことば」（『三国』）のことである。もっとはっきり言うならば、「話し言葉の中で、内容的に卑猥にわたったり、下品に流れたりする点が有るため、人前でおおっぴらには使用することが、はばかれる表現」（『新明解』）である。このことを忘れてはならない。

＊＊＊

見坊豪紀さんは、『三国』第3版の「序文」を次のように書き出した。

「辞書は〝かがみ〟である――これは、著者の変わらぬ信条であります。／辞書は、言葉を写す〝鏡〟であります。同時に、／辞書は、ことばを正す〝鑑〟であります」

そして、〝鏡〟と〝鑑〟のどちらに重きを置くかどう取り合わせるかは、辞書の性格によって様ざまとなることを指摘し、「時代のことばと連動する性格を持つ小型国語辞書」としては、「ことばの変化した部分について〝鏡〟としてすばやく写し出すべきだ」と述べた。

「〝鑑〟としてどう扱うか」は「写し出したものを処理する段階で判断すべき問題」であって、何よりも社会で動いていることばの採集に力点を置くことが、『三国』の基本的な立場だとも言明した。

小型国語辞典は各種あるが、それぞれ、どのような場合に適しているのだろうか。飯高さんは次のように教えてくれる。

○その言葉が正しいか間違いかの判断を求めたいときは、岩波国語辞典・明鏡国語辞典
○その言葉がいつ頃から使われているかを知りたいときは、新潮現代国語辞典
○その言葉について、その辞書なりの解釈を知りたいときは、新明解国語辞典
○その言葉が、今、広く使われているかどうかを確かめたいときは、三省堂国語辞典

私は辞書のそれぞれの持ち味を活かして「ことばの世界」を楽しみ、言語感覚をゆたかにみがいていきたい。

＊『類語大辞典』（２００２・平成14年11月19日発行・講談社）は、「なにげに」を一項目として掲載して、次のように説明する。《「なにげなく」の転じた言い方で若者言葉。「〜空を見たら夕日がきれいだったよ」◇「さりげに」とともに若い人たちの間ではやるようになった語。「さりげに」は「さりげなく」の意でつかうこともあるが、「なにげに」とあまり区別せずに使うことも多い。》なお、同辞典には、「違くない」の記述はない。

被災地と被災地外の温度差
――「某ちゃん」が教えてくれたこと

「温度差」という言葉は、たとえば、昨日と比べて急に冷え込んだり汗ばんだりするときに使われてきた。天気予報のキャスターは、気温の変動が激しいと予想されると、「明日は温度差が大きくなりますので、服装にはご注意ください」といった呼びかけをする。気候の変化は穏やかであってほしいもので、あまりにも温度差がありすぎると体調の管理が難しく、生活のリズムに変調を来たすことになる。

ところで、「温度差」という言葉は、社会の様ざまな事柄に対する向き合い方のギャップについて比喩的に用いられている。それは今から２０年ほど前、１９９０年代の初めのころからだという。ウイキペディアによれば、「それぞれの関係者の考え方や思惑などを熱い思いと冷めた思いと捉え、その違いを物理的な温度の違い」に譬えた言い方である。

私の手元の国語辞書は奥付を見ると、いずれも20年から10年ほど前に刊行されていて、比喩的な「温度差」を取り上げるものはない。新語や流行語のなかには、すぐにすたれて死語となってゆくものが多いが、「温度差」という言い方は言い得て妙であって、これからもよく耳にしたり目にしたり、私も口にしたりしていくような気がする。

＊＊＊

「温度差」は、最新版の国語辞書には登載されているだろうか。気になって大学の図書館で1冊1冊あたってみると、どの辞書にも当然のことのように登載されていて驚いた。辞書の編者というのは、日々使われている言葉にアンテナを張って改訂に努めている。このことをあらためて痛感した。

「温度差」の語釈を3例掲げる。

A　ある事態や状況に対する複数の人の反応、関心、態度、認識などが、一見同じようでありながらも、その実、個人によって微妙な違いを見せること。また、その違い。「この件について、住民の受け止め方には温度差がある」（日本国語大辞典／第2版・2001・平成13年3月20日改訂）

B　当事者間における見解や熱意などの差。「党内［夫婦間］には微妙な——がある」「住民と行政側の——が大きい」（明鏡国語辞典／第2版・2010・平成22年12月1日改訂）

C　その事に関し二集団（ふたり）の間に認められる熱意・態度の違い。「増税問題で政府と与党間に——がある」20世紀後期に政治、報道用語として使い始めた。（岩波国語辞典／第7版・2011（平成23）年11月18日改訂）

「温度差」というこの言葉は、多くの辞書では「温度」という言葉を説明したあとで「――差」として掲げられている。しかし、A・B2つの辞書は「温度差」を独立した一語として認知して登載していた。『日本語大辞典』（小学館）は〝大辞典〟という名にふさわしく、その登載時期が最も早いし語義の説明も要を得たものとなっている。また、『岩波国語辞典』が補足する説明は適切で、そもそもはマスコミが永田町の政界を伝える際に用いられた。このことを覚えていたい。

最新の辞書によるならば、「温度差」は様ざまなことがらに対して感じ取られる「反応・関心・態度・認識・熱意・見解・思惑・価値観」の《微妙な違い》を意味するようになっている。認識や価値観が水と油のように隔たっている場合には、それは「温度差」という範疇を超えている。「彼と恋人との間には、微妙な温度差が生じているようだ」と言われると、この言葉の雰囲気で2人の近況が感じ取られて、心がくすぐられてしまう。

＊　＊　＊

私が宮城県の女川町を訪れたのは２０１１（平成23）年8月11日、東日本大震災が起きてちょうど5か月の経った日であった。

石巻駅からタクシーに乗って女川町に入り、市街地の崩れ落ちた光景を目の当たりにすると、私には言葉が出なかった。どれほど強い力を加えも倒れることなどありえないと思われる頑強なビルが、コロッと転がっている。急な坂を10ｍも上ったところに立地する病院の駐車場に立って市街を見下ろし、津波はこの病院の一階まで押し寄せたことを知ると、そのときの人びとの無念さに心が痛んだ。当時、女川町には1万人が居住していた。しかし、そのうち1000人が貴い命を失い、家や家族を失った3000人は、やむを得ず町外へ転居していった。

あれから2年が経つが、大震災に対する私の思いは間違いなく薄れていっている。このことに気づかせ、あのときに抱いた思いを呼び戻してくれるドラマに私は出会った。ＮＨＫテレビの特集ドラマ「ラジオ」（脚本・一色伸幸）である。

仮設住宅に引きこもる女子高生の「某ちゃん」は、震災1か月後に地元の人たちが開設した臨時災害放送局「女川さいがいＦＭ」に関わるように勧められたが、マイクが向けられても黙り込んだままで、何日経っても言葉を発しようとしない。意を決して自らリクエストしてかけた曲は、THE STALINの「負け犬」。流されてつぶされた家のガレキのなかを探しまわって取り戻した思い出のＣＤである。

ある日、「某ちゃん」はブログに次のような文面を書き綴った（一部省略）。

漁師の祖父が建てた立派なわが家は今じゃ更地。
祖母の嫁入りの際に持って来た嫁入りの着物は、海でワカメのように漂う。
来るはずもない山の上に妹の通信簿。

若かりし頃の母の写真から海の匂い。

全部ガレキって言うんだって。

全部ガレキって言われるのだって。

町は被災地と呼ばれた。

ただの高校生が被災者と呼ばれた。

あの子は思い出になった。

上を向いて歩こうと見上げる空は虚無の青。

頬を伝う涙なんて、とっくの昔に枯れちゃった。

ガレキの受け入れ反対!! とテレビで見たんだ妹と。

昨日までの宝物。今日は汚染物と罵られる。

ガレキと暮らす私たち。

好きで流されたんじゃないのに……。目から流れた涙はなつかしい海の味。

こんな悲しいモノを見るくらいなら、受け入れなんて最初から言わないで。

私がもし被災地外に住んでいて、私にもし子どもがいたら、同じ事を言っていたかな。

ガレキの「受け入れ」。「受け入れる」のはガレキだけじゃないんだとふと思う。

私が本当に受け入れて欲しかったモノは、ガレキじゃなかったのかもしれないとふと思う。

少なくとも、受け入れて欲しかったそのモノには放射能なんて付いていない、心の奥にある清らかな優しいモノのはずだった。

そんな事を考えながら、絆の文字が浮かんでは泡のようにハジけた。

この「某ちゃん」のブログは突如に炎上して閲覧者は100万人を超え、被災地外から「非難のつぶて」が襲いかかった。

薬局を営んでいた飛松さんは「某ちゃん」と同年齢の娘や家族を津波で失い、逃げるようにして東京に出て働いていた。「某ちゃん」の送るブログを読んだりラジオの声に耳を傾けたりしていると、娘が今でも元気でいるように思えてくる。

悩みに悩んだ挙句、女川に戻って生活することにした飛松さんに、「某ちゃん」はブログに書きかけていた次のような思いを伝えた。

あの日、建物をプカプカと押し上げながら、町を飲み込んでいく黒く大きな怪物を目撃し、私は気を失ってしまいました。私は自分の足で立とうとする気力さえ失いました。

身体の足も、心の足も動かないまま、長い長い一分一秒を、避難所の体育館の時計の針が残酷に刻みます。このままじゃ私は2度と立つことは出来なくなる。ふと、頭にそうよぎったのです。

身体に生えた足で立つことはできても、心の足はまだ寝たまま。ここで立たなかったら、震災を言い訳に、一生自分の足で立ちあがろうとしないだろう。泥まみれだって、血まみれだっていいじゃない。鼻血をたらしながら、自分の足で這い上がってきた自分が、私嫌いじゃありません。

私は、私の道を、私の2本足で歩いていきます。答え合わせは死ぬ前でいいじゃないですか。今はまだ走り続けます。本当に欲しいものは、自分の足で近づいて、自分の両腕でつかんでみせます。

＊＊＊

2013年の3月11日、政府主催の追悼式が東京の国立劇場で執り行われた。天皇皇后両陛下が臨席してお言葉を述べ、2時46分になると1200人の参列者は黙禱をささげた。この日、日本列島のみならず世界の各地でも追悼式典が催されていた。私は千葉市で行われていたある会合に出席していて、司会者の呼びかけで黙禱をささげた。

――被災地外で11日にしか思い出されないあの震災は、私たちの日常なのです。過去形ではない、現在進行形なのです。私たちにしたら、11日は震災を思い出す日でも、黙禱する日でもなく、被災地と被災地外の〝温度差〟を感じる日になっているように思います。

東京の大学に進学するために女川を離れることになった「某ちゃん」は、このようにブログに書く。

私に、「温度差」という言葉がこれほど痛烈に投げかけられたことはこれまでにない。大震災に出遭った人たちとの「温度差」はあの日から厳然と存在していて、その「温度差」は縮めようがないものとして存在しつづけてきた。

「11日にしか思い出されないあの震災」は「私たちの日常」だと言われ、私には黙する以外にない。東京の大学で学ぶ「某ちゃん」は、いま、言いようのない「温度差」を感じて寒々としていないだろうか。この「温度差」がこれ以上に開いていくことのないように、私は被災地に生きつづける人たちの現実から目を離すことなく、心を離すことなく過ごしていきたい。

＊ここ数年、天気予報キャスターは、「気温差」という耳慣れない言い方をするようになっている。「寒暖差」という言い方も耳にするようになった。別の文脈で大手を振って使われている「温度差」という用語を意識しての言い換えと考えられる。

村岡花子と赤毛のアン、そして茂木健一郎

ＮＨＫの朝の連続ドラマ「花子とアン」を楽しみに見た。『赤毛のアン』の翻訳者村岡花子さんのドラマ（脚本中園ミホ・原案村岡恵理）である。

安東はな（山田望叶→吉高由里子）は、山梨県の山村の貧しい小作農家に生まれた。行商から半年ぶりに帰って来た父が、「とっておきの土産買ってきたぞ」と袋から出したのは『親ゆびひめ』の絵本であった。「食うもんがよかった」と兄と妹はがっかりしたが、〈はな〉は「絵本だ。ほんものの本じゃ。おら初めて本にさわった。夢みていじゃ」とはしゃいだ。子守りや水汲みなどで１日を過ごし、１年生になっても学校へは１日も行かずにいた〈はな〉にとって、本は高嶺の花であったのだ。

ある日、母は茶飲み話で、父と初めて会ったときのことを話していた。ブドウ畑でたまたま出遭った父に、鎌倉で海水浴している人たちのことなどを聞いていた。「こんな話はたいくつだよな」と言われたが、「どこにも行ったことのねえおらには、初めて聞く話ばかりじゃ。おらあ、海なんて見たことねえから、今のような話をきかしてくれっちゃ」と母はつづきをせがんだ。

〈はな〉は言う。――お母がお父を好きになったのは、おらが本を読んでるときの気持ちと同じじゃんけ。本を読むと、行ったことのねえ場所や見たことのねえ景色がどんどん頭に浮かんでくるだ。じっとしていられんほど、胸がドキドキして熱くなる。

父の取りはからいで東京のクリスチャン系の女学校に入学した〈はな〉は、英語の授業も受けることになった。校則違反で謹慎処分となり、布団にもぐりながら洋書を読んでいると、palpitationという言葉があって、どういう意味か分からなかった。様子伺いに来た友に辞書を借りて探してみると、「ときめき」と書かれていた。「そうか、ときめきか」とつぶやき、でも90歳のおじいさんの話だから「動悸・息切れ」と訳したほうがいい。そう思っていると、「〈はな〉さんは、どういうときにときめくの?」と聞かれた。

「それは、こんなふうに辞書をひくときです。未知の言葉の意味が明らかになる時のわくわくした気持ちがたまりません」と答える〈はな〉であった。

＊＊＊

脳科学者の茂木健一郎さんは小学5年のとき、アインシュタインの伝記を読んで目が開かれ、将来は物理学者になろうと思っていた。ある日、読みたい本を探して図書館の本棚を眺めていると、『赤毛のアン』の背表紙が目に飛び込んできて、「僕のことを呼んでいる気」がして思わず手に取った。

それがきっかけで『アン』の世界にのめりこみ、中学生になると全シリーズ10作を読み終え、高校生のときにはそれらをすべて原書で読破した。勉強部屋にはプリンス・エドワード島（小説の舞台）の地図を貼ってそれを眺めて過ごし、大人になってからはその地を訪れた。「もしこの本と出合っていなかったら、大げさでなく僕の人生は今とだいぶ違ったものになっていたと思うんだ」と茂木さんは述べる（『「赤毛のアン」が教えてくれた大切なこと』（ＰＨＰ研究所）。

村岡さんは『赤毛のアン』（新潮文庫）の「あとがき」で、あるアメリカの有名人の語ったことを書き記す。――いかめしい顔をして事務所へ出かけた父親が鞄の中へ忍ばせて持って行ったことも知らず、娘や息子たちは夢中になって『アン』を家じゅう探し回っているという事実がこの本のおもしろさを一番よく証明している。

いったい、なぜに『アン』に取りつかれることになるのだろうか。茂木さんによれば、そこには多感な思春期を生きる子どもの悩みや喜びや悲しみなどがいっぱい詰まっていて、繊細な女子の気持ちが肌で感じられるからである。思春期というのは「脳が一番ぎこちなくなる時期」で、「ぎこちない」ということは「変わる力も大きい」ということにほかならない。頭脳は「今までにない状況に不安」を感じつつ、その「新しい状況をフル回転で学ぼう」と努める。うまくいかずに失敗することももちろんあるが、新しいことに挑戦して自らを成長させることができる。

そのようにぎこちない思春期を想像力の翼を大きくひろげて生きるアンの物語が、世界各国の世代を超えた人たちの心をとらえて読み継がれているのだ。

＊＊＊

村岡花子さんのエッセイを読むと、ある古本屋の話が載っている（『生きるということ』あすなろ社・『腹心の友たちへ』河出書房新社所収）。

その古本屋は夜中の2時、3時になると、目が覚めてしまうことがあった。床を出て店に出ると、そこには永井荷風、芥川龍之介、菊池寛、幸田露伴などすでに故人となった作家の本が、ぎっしりと並んでいる。うす暗い闇にじっと座っていると、「ここは墓地なのだ」と思えて、「死人と共に暮らす、それが自分の仕事だ、この人たちの墓守りで生活しているんだ」と思えてくるというのだ。

買い取られて古本屋の書架に並び、新たな読み手に出逢うことを静かに待つ書物、もしそれが何巻かの函入りの全集であれば、たしかに墓標のように感じられるのもうなずける。夜中の古本屋には作者の魂がさまよっていて、古びた本たちがひそかに言葉を交わしている。そのやりとりが耳に届いてきて、思わず目を覚ましたのかもしれない。

長女のみどりさんは、母の遺稿集『生きるということ』の「あとがき」に、次のように書いた（『腹心の友たちへ』河出書房新社所収）。

——人の心を、一軒の家にたとえることができるとすれば、母は、ずいぶん、いろいろのへやを持っていたほうだと思います。仕事がら、その客間にはたくさんの人びとが出入りし、書斎には、手がけた書きものが、山積みされてありました。かなりにぎやかな家でしたが、その奥のほうには、落ち着いて、つつましやかな茶の間がありました。忙し過ぎて、ときにはす通りし、また席のあたたまるひまのないときもありましたが、母にとってちがった意味で重要で、母はそれをとてもたいせつにしていました。

村岡花子さんの心には、ほんとうに「いろいろのへや」があったのだろう。客間には、白蓮をはじめ佐佐木信綱、片山廣子、吉屋信子、林芙美子、石井桃子、市川房江、ヘレンケラー等などが訪れたし、書斎に並ぶ蔵書の半分は洋書であった。

＊＊＊

『赤毛のアン』の原作『アン・オブ・グリン・ゲイブルス』が花子に手渡されたのは昭和14（1939）年、46歳のときである。太平洋戦争が激化して帰国せざるを得なくなったカナダ人宣教師に「あなたの手で日本の少女たちに紹介してください」と託されたのだ。

花子は灯火管制下にあっても黒い布をスタンドにかぶせて翻訳に努め、空襲警報が鳴り響くと、書きかけの原稿と原書をかかえ、娘みどりの手を引っぱって防空壕に飛び込んだ。原稿用紙700枚以上に訳し終えたのは戦争の終わった20年、出版にこぎつけたのはその7年後、昭和27（1952）年であった。

74歳になって初めてアメリカに渡ることになった花子には、プリンス・エドワード島を加える旅程が娘から贈られた。とても楽しみにして旅をつづけてきた花子であったが、直前になって同島行きを取りやめた。

孫の恵理は「花子の脳裏にはモンゴメリの言葉から紡ぎ出された美しい自然の風景が鮮やかに描き出されていた。その想像の風景を花子は翻訳の筆に注ぎ込んだのだ」と述懐する（村岡恵理『アンのゆりかご』新潮文庫）。そして、「プリンス・エドワード島を娘と訪ねるのは、まさしく夢のように素晴らしい企画ではあった。が、同時に、現実に目にすれば、心の中で慈しんでいた想像の世界が失われてしまう恐れ」を感じたのではないかと推察する。

アンの名づけた歓喜の白路、輝く湖水、恋人の小路、すみれの谷、樺の道などを心に描いて翻訳しつづけて生きてきた村岡花子さんである。

引用——他者の言葉に新しいいのちを授けて光彩を放たせる

日曜朝に「NHK短歌」（Eテレ）が放映されている。入選歌9首が披露され選者の講評があって、特選3首が発表される。番組には様ざまなジャンルからゲストが招かれて、短歌に対するイメージを「短歌とは……」とボードに短く書く。その光の当て方が何とも楽しい。たとえば、画家で絵本作家の伊勢英子さんは「短歌は絵本の原石」だという（選者小島ゆかり・平成26年7月6日）。

——旅行に行ってスケッチしていると、あるモチーフに出遇って衝撃を受ける。「何かがそこに用意されていて、その余白に私が入り込んでいく」感じで、そのときにおぼえる感覚は【俳句】を読んだときに生まれるそれに近い。

その衝撃がきっかけとなってストーリーが紡がれるのだが、意識せずにいたことがあれこれと浮かびあがるその過程は、【短歌】に接して思いが湧きあがるときに近い。短歌には「舞台とか感情とか時の流れとか物語性とか」が肉付けされているからで、その点で「短歌は絵本の原石」と言える。伊勢さんはこのように述べた。

たしかに、俳句というのは取り除けるものはいっさい省き去ってつくられているので、17文字で切り取った世界に吸い込まれていく。しかし、俳句より14文字多くもちいられた短歌には、その背景に在る物語が見え隠れしていて、ストーリーをいろいろと想像して楽しめる。

絵本の原稿を練るときに伊勢さんが心がけるのは、子どもが絵本の世界に入り損ねてしまわないことである。そのために何回も何回も声に出して読み、ちょっとした不自然さも与えないように心を砕いている。

＊＊＊

読売新聞のコラム「編集手帳」（458字）を執筆する竹内政明さんが、ゲストに招かれた（選者永田和宏・平成26年9月21日）。竹内さんは「短歌は夜汽車の窓ガラス」だと述べる。この2つは、いったいどのようにつながることになるのだろう。

――夜汽車では外は暗くて車内は明るいので、窓ガラスは鏡のはたらきをする。本を読んでいてふと車窓に目をやって、そこに自分が居るのが目に入ると「こんなところにオレがいたのか」とドキリとする。その「ドキリとする瞬間」に訪れる楽しみは、短歌を読んだときにひろがる楽しみに似ている。

この気持ちはオレも味わったことがある、腹が立つこの気持ちはあのときのオレにもあったと、「昔の自分の自画像とか今の自画像とかを見つけること」があってドキリとするからだ。そのような思いは短歌をつくる側も抱くことがあると、永田さんは述べる。

つまり、自作の短歌を後になって読むと、「あ、こんなことを考える自分がいたのか」と気づく。そのときの感じというのは「くっきりした輪郭ではなくて、どこか透きとおっている感じ」で、たしかに「向こうがある夜汽車の窓ガラス」のように思えるというのだ。

壮大な風景が眼前にひろがって、心が洗われてくる短歌もいい。しかし、私には、作者と同じような思いをどこかで味わったように思える短歌に親しみをおぼえる。似たような〝そのとき〟に立ち戻ってふりかえってみたくなるからである。

＊＊＊

竹内政明さんの著書『名文どろぼう』（文春新書）が同番組で紹介された。名文と言われるものは、それだけがリストアップされていても少しもおもしろくない。竹内さんは様ざまなジャンルの言葉を自分の文章のなかに引用して、その文章を「名文として立ち上がらせている」と永田さんは述べた。私はさっそく同書を購入して読んだ。

竹内さんは同書の「はじめに」で、「引用とは他人のフンドシで相撲を取るようなものだから、題名は『フンドシ博物館』でもよかったが、それではあんまりなので『名文どろぼう』とした」と述べる。そして、「ここでいう名文とは〈心をくすぐる言葉、文章〉のことで、世間一般の定義よりはいくらか幅が広いかもしれない」とつづける。

たしかに、同書には笑いころげてしまうような言葉が随所に引用されていて、竹内さんが張りめぐらしているアンテナに感服してしまう。「母親と涙腺」と題されたページには、阿部譲二『塀の中の懲りない面々』（文藝春秋社）からの次のような引用があって、「そうだよな」と私は身につまされた。――「誰でも、生まれた時から五つの年齢までの、あの可愛らしさで、たっぷり一生分の親孝行はすんでいるのさ、五つまでの可愛さでな」

この言葉は、年季の入った受刑者・岩崎老人がつぶやいたという。どのような場面でつぶやかれたか知りたくなって、私は同書を買い求めた。

――布団の中の爪先が冷たくしびれて、どうにも眠りにつけないような、刑務所のある晩のことであった。「あのな、親孝行なんてことも、しないだっていいことさえ、誰も知らんのだ」と岩崎爺さんがつぶやいた。／思わず首を布団から突き出して耳を傾けると、引用されたような言葉が飛び出してきた。「スゴイ、と私は一瞬思ったのです」

阿部さんはこのように書き記していた。

＊＊＊

詩人の長田弘さんのエッセイに、「引用の力ということ」がある（『自分の時間へ』講談社）。そこには、「引用は言葉の力をつよめる。引用されてよりいっそうの力をもつのが、言葉だ」「引用は借用とちがう。言葉をいま、ここにふたたび生きかえらせることができるのが、引用の力だ」と書かれている。

つまり、自分の文章に箔をつけようとして他者の言葉をはめ込むようなものは、「引用」と呼ぶことができない。「引用」されることで新しいいのちを授かり、新たな文脈のなかで光彩を放ち、文章を引き締める。そういう活躍の場が与えられた他者の言葉を「引用」と呼ぶ。

ところで、思索を重ねて文章を書く場合、行間で支えることになるのは、他者から学び取ってきたもろもろにほかならない。たとえ、自ら体験したことを述べる場合であっても、その視角にはどこかで身に刻むことになった「他者の目」が生きている。

思索とは、あるときに教えられ、あるときに考えたことを織りあわせ、道筋を立てて考えめぐらすことである。その逐一を明らかにしようとしてもそれはできないし、する必要性もない。しかし、強く示唆を受け触発された他者の言葉は、「その言葉を、もう一度じぶんのこころにとりもどす」ために、そっくりそのままを引用したほうがいい。私はそのように心がけて努めている。

長田さんのエッセイは、「いま、ここに引用できる言葉を、じぶんのこころの引出しに、どれだけもっているか」と読者に問いかけて閉じられる。

第４章　アクティブ・ラーニングは、アクティブ・ティーチングから

集中と夢中
――アクティブ・ラーニングは、アクティブ・ティーチングから

宿題を少しやっては「疲れた～」と投げ出す息子。「遊んでるときは全然疲れないのにね」とイヤミを言ったら、「集中は疲れるけど、夢中は疲れないんだよ！」と言い返された。

――これは、俵万智さんが紹介する小学5年生の言葉である。

辞書には、集中「一つのことに意識を向けること」、夢中「一つの物事に熱中して我を忘れること」といった語釈が書かれている（『明鏡国語辞典』大修館書店）。集中は「（短い時間に）気持ちを一つのことにしぼり、打ち込むこと」だが、夢中は「あることに心が引きつけられて、ほかのことを考えない様子」という指摘もある（『類語辞典』講談社）。

たしかに、集中を強いられていると肩が凝って疲れがひろがっていく。しかし、何かに夢中になっているときは、時間感覚が失われ空間感覚も消えて疲れを感じない。辞書の述べる集中と夢中の違いに、「疲れる」という体感を視界に入れたこの指摘に、多くの人の共感が集まっている。

＊　＊　＊

授業というのは、好きな遊びに興じることとは営みを異にする。関心がないことにも耳を傾

けなければならないし、気が進まないことでもやらなければならない。しかし、集中して授業を受けていると、遊び興じているときに味わうような境地に入っている。そのように体感することがある。

今、アクティブ・ラーニング（能動的学修）への転換が声高に提唱されている。この転換は小学生であれ大学生であれ、一人ひとりが自ら進んで授業の世界に入って我を忘れて学ぶ。そういう状況をつくるところに眼目があると考えたい。

しかし、アクティブ・ラーニングに関する書物を読んでいると、首を傾げたくなる指摘があって戸惑いを覚える。戸惑いの根幹にあるのは、「聴く」を受動的な行為として位置づけてアクティブ・ラーニングから外し、「書く・話す・発表するなどの活動への関与と、そこで生じる認知プロセスの外化を伴う」行為のみに能動性を認めていることである（溝上慎一『アクティブラーニングと教授学習パラダイムの転換』東信堂）。

「きく」には、「聞く（hear）」と「聴く（listen to）」がある。「聞く」という行為にはそれほどの能動性は感じられないが、「聴く」という行為には高度の能動性がはたらいている。深い学びは、「聴く」ことをおろそかにしては成り立ちえない。

宮城教育大学学長であった林竹二さんは、小中高校の子どもたちに「人間について」や「開国」の授業を３００回近く行った。子どもは授業を終えると、ほかほかと湯気の立つような感想を書き綴る。

たとえば「なんだか、わたしはひとりで林先生の講義を聞いているような気がした。けっきょくわたしは一言も発言できなかった。けどわたしはとてもためになったと満足している。たとえ他の人にはそう見えないかもしれないけど、わたしはそれでもいいと思う」と言う。この子どもはスッポリと授業の世界にひたって、心を満たしている。

このふしぎな空間感覚は、「先生のお話と写真にむちゅうになっていて、まわりに先生方がいるのをわすれてしまっていた」とか、「なぜか教室にいて、だれもいないように感じました」といった感想にも書き記されている。

また、「たった70分くらいの授業でいろんなことがわかった」とか「70分もかかったとはおもわなかったし、70分なんてあっけないとおもった。あの時、ぼくは1時間しかしなかったと思った」と、時間感覚が失われたふしぎさを伝える子どももいる。夢中になると、70分という時間は「たった70分」と意識され、「あっけな」く経っていくものなのだ。

「林先生はとてもくわしく説明してくれました。先生は3時間から4時間まで話をしてくれたので、とてもわかりやすく、林先生の授業に夢中になっていました。ぼくだけでなく、みんなも夢中になっていました。なぜ夢中になるか考えてみると、林先生の話は一つ一つがたいせつで聞きのがすことができないからです」(以上、『教えるということ』国土新書)

小学生が、講義を核に置いて行われる授業をこのように夢中になって聴いている。「深いアクティブ・ラーニング」と言えないのだろうか。

＊＊＊

溝上さんは、アクティブ・ラーニングと銘打たれている大学の授業の現況を次のように指摘する。

「学生たちの活動を見ても、ディスカッションではその場で思いつくことだけで議論がなされており、批判的な検討もなく、内容の深まりが見られない。内容が深まるような教員の介入も十分にない。プレゼンテーションの様子を見ても、ちょっとインターネットで調べて集められる情報をパワーポイントのスライド上に並べ、見た目は元気に発表しているけれども、内容を見れば、たいした吟味や検討を重ねた跡もなく、表面的なものとなっている」（前掲書）。

安永悟さんも次のように感想をもらす。「学生に何らかのグループ活動をさせればアクティブラーニングになるといった極端な認識も見受けられる。形はアクティブラーニングであっても、学習成果の乏しい、授業が散見される」（安永悟「協同による活動性の高い授業づくり」松下佳代編著『ディープ・アクティブラーニング』勁草書房）

ソクラテスの研究者でもある林竹二さんは、次のように指摘する。「子どもだけでもできるようなことを子どもにやらせて、授業だといっているのはまちがいです。子どもたちだけでは到達できない高みにまで子どもがのぼってゆくのを助ける仕事が授業なのです。そのことに対して教師は責任があるのです。これは知識を与えるということとは別です。きびしい、ごましのない思考と追求をさせることに教師は責任があるのです」（前掲『教えるということ』）。

つまり、教室に意見が活発に飛びかっていても、そこに厳しい追究が見られなければ、ただの井戸端会議と変わりない。子どもの力だけでは到達できない高みへと、「ごまかしのない思考と追求をさせる」ことが教師の責務である。能動的な「学ぶ」は、能動的な「教える」なくして生まれることがない。

こんにち学生が大学の授業に心を満たされないのはなぜか。それは、ひとえに「講義」に学生を引き込む力が足りないからである。グループ・ディスカッションやグループ・ワーク等を組み込むことによって授業の活性化を図ろうとする提唱は、「一方向的に知識を伝達し注入する講義」のもつ問題点に蓋をしている。

溝上さんは前掲書で、座学のもつ教育力を次のように強調する。つまり、「知識を短時間で、集団で効率的に習得する場は、講義での座学であ」って、「書く・話す・発表するといった活動を通して、知識を習得することももちろんあっていいが、講義をまったく無くして、それらの活動だけで知識を習得する、というのは、どのように考えても無理がある」。

この認識は理に適っている。したがって、アクティブ・ラーニングは「内容より形態に関心が向けられているのだから、内容的に薄っぺらい授業になることは当然である」と素気なく言ってはならない。講義形態の座学が「夢中になって聴くもの」に変わるための視点を明らかにするのでないと、「薄っぺらい教授学習論」となってしまう。

アクティブ・ラーニングを牽引してきた研究者は、昨今、「学習の質や内容に焦点をあて」

る必要性を感じて、「ディープ・アクティブラーニング」を提唱するようになっている。「学生が他者と関わりながら、対象世界を深く学び、これまでの知識や経験と結びつけると同時にこれからの人生につなげていけるような学習」の提唱である（松下佳代「プロローグ」『ディープ・アクティブラーニング』勁草書房）。

もっともな問題意識と受けとめたいが、同書では、「ディープ」な学習の基幹を果たす「教える」は俎上に載せられていない。それどころか、大学の教師はティーチャーからファシリテーターへ身を転じるように示唆する論稿もある。

＊＊＊

林竹二さんが「人間について」の授業を小学校で初めて行ったのは1971（昭和46）年で、それは大学院で教えた宮前貢さんの6年生の学級であった。子どもたちの「能動的な学び」を目の当たりにした宮前さんは、子どもを引きつけるカギはどこにあったかふりかえり、次の4点を書き記す（「最初の授業にたちあって」『授業　人間について』国土社）。

① 一段一段階段を登りつめて「ほんとうのところにたどりつく」ように、視点を変えて問題を追究させていること。

② 子どもたちを実によく見ていること。つまり、「あの子は何か考えついたようだ」「どうも、よく理解していないようだ」といった判断・推察をきちんとして、指名したり説明したりしていること。

③「人間とは何か」という大問題を子どもといっしょに追究するために、資料をたくさん準備していること。つまり、ビーバー・ミツバチ・電気ノコギリ・ワシ・飛行機・スズメ・ケーラーの実験での子ども・ニワトリ・イヌを随所で提示して、「人間の理性的な側面」を浮き彫りにしていたこと。

④子どもの発言などに対して、非常に敏感に驚き、感動し、喜んで、そのことを率直に伝えていること。

小学校で行われた林さんの授業は、一方向的にしゃべりつづける講義ではなかった。子どもの学びの状況をそのつど掌握し、用意してきた資料を適宜示して深く考えさせる授業であった。林さんは、大学や大学院で行う授業でも、同じような構えをもって学生と向き合っていたにちがいない。

教師は、子どもや学生に「夢中になって追究する楽しみ」を味わわせる専門家でありたい。深い教材研究をふまえたアクティブ・ティーチングに導かれたとき、学び手は「対象世界を深く学び」、「これまでの知識や経験と結びつけ」ながら、「これからの人生につなげていけるような学習」を重ねていくことができる。

アクティブ・ラーニングは、迷い道に入り込むと生まれる

アクティブ・ラーニング（能動的学修）への転換が、大学教育の課題として打ち出されている。大学の講義はそもそもこういうものだと、教員も学生も自認してきた「知識の伝達・注入主義」からの脱却である。

アクティブ・ラーニングでは、「教員と学生が意思疎通を図りつつ、一緒になって切磋琢磨し、相互に刺激を与えながら知的に成長する場を創り、学生が主体的に問題を発見し解を見出していく」（中教審答申「新たな未来を築くための大学教育の質的転換に向けて――生涯学び続け、主体的に考える力を育成する大学へ」平成24年8月）。

学生にまなざしを送らず、教壇からとくとくと行われる講義から、能動的な学びが呼び起されるのは難しい。学生であった時分と教員となってからの体験をとおして、私もそのように思う。

アクティブ・ラーニングへの転換はどうすれば可能か。同答申が挙げる「導入したい有効な方法」は、グループ・ディスカッション、ディベート、グループ・ワーク等で、発見学習、問題解決学習、体験学習、調査学習等もこれに含まれると指摘する。しかし、そのような授業形

態を導入すれば、学生の学びはおのずと能動的なものへと転じていくのだろうか。

＊＊＊

私は、授業「ゴミって何だろう」をかつて小学4年生に行い、学生には毎年行っている。同授業はその前半に次の5つの事例を示して、ゴミかどうかの判断を迫る。

① 読み終えてホームのゴミ箱に捨てられた新聞
② ゴミ箱から拾われて読まれている新聞
③ 道路脇のゴミ捨て場にあったバックの中の100万円
④ 自動車に引かれて道端に放置されているネコの死体
⑤ 大雪山の山中で見つかった人の白骨

子どもたちは自分のもつ「ゴミ」認識に照らしてゴミかゴミでないかの判断を行い、その理由を述べる。私は「お金は、ゴミじゃないって言うの？　道に落ちている1円玉、拾いますか、ゴミだと思っているんじゃないの？」とか「生き物の死体は、ゴミじゃない？　ゴキブリが見つかると何かで叩いて紙に包んで、ゴミ箱に捨てていませんか？」といったように、出されてくる発言に噛みついて、日常の自分の行為を見つめさせる。

子どもたちはその後、辞書の書き手になって、どういうものがゴミか100字以内でそれぞれ定義し、それをクラスで吟味していく。

参観した学生は述べる。「自信満々でいた子の表情がくもり、迷い、大混乱している。ゴミって何だろう――考えれば考えるほど、分からなくなってしまう。「分かんない」と口走る子もいた。分からなくなるほど、子どもたちは頭をひねって考えている。どの子も表情が豊かで、何を考えているかがこちらにわかってきそうなくらいであった」

授業後に書かれた子どもの感想には、次のようなくだりがある。

○ゴミじゃないと思っていた物がいきなりゴミだったり、ゴミだと思っていた物がゴミじゃないとわかって、とてもびっくりしました。楽しかったです。
○はじめに出したいけんが勉強していくごとにどんどん変わっていったりして、おもしろかったです。
○いままでしらなかったものがごみだし、ごみだと思ったものがごみじゃないから、いろいろわかっておもしろかった。

＊＊＊

「ゴミって何だろう」のこの授業は「社会科指導法」（全15回）のなかに組み込まれて、教室が〝現場〟に変わっていく渦中に学生は身を置く。授業後の感想のなかには、「途中で迷子になってしまった」とか「一見すぐ答えが出そうなのに、考えれば考えるほど迷い道へ進んでしまう内容でした」といった内面の吐露が見られる。

15回にわたる一連の授業を終えるにあたって、私は次のような問いを投げかけて、「授業の中で迷子になること」に意味は有るか無いか、有るとすればそれはどのような意味か述べてもらった。

――ふつうに考えれば、授業中に迷子になったり迷い道に進んでしまったりすることは避けなければなりません。どっちに行ったらいいか迷う心配などなく、ガイドさんの後を付いていくように進む授業が良いと判断されるでしょう。であるのに、2人の指摘に耳を傾けると、授業の過程には「迷子になること」や「迷い道に進むこと」を織り込むことが欠かせないようです。この指摘について、自身の体験などをふまえて意見を述べてください。

ここで対比されているのは、「ガイドさんの後を付いていくように進む授業」と「途中で迷子になったり迷い道に入ってしまったりする授業」である。学生は自らの体験をふりかえって、「迷子になる授業」にはまっていく理由を様ざまに述べ伝えた。

たとえば、「ゴミって何だろう」の授業に即しながらの指摘には、学生Aの次のようなものがある。

先生は、ゴミであるかないかの2つの選択肢を出す。2つの道ができてしまうのである。

私がこっちの道が正しいと進んでいって意見を言うと、先生は「本当にそうなの？」と私の心を迷子にする。この授業で、先生はガイドさんなんかではない。私を迷子にさせる。だが、迷子になると、私は必死で迷い道から抜け出そうとするのだ。そのために私は考える。

迷子でいると不安だ。迷子の状態の意見は発表したくない。どうにかして迷子の原因の先生に勝ちたい。しかし、授業の終わりを迎えても勝つことはできず、帰って来られなくなってしまった。私はずっとゴミって何だろうと考えつづける。

「教材にひっつく」ということは、迷い道から帰さないということだろう。私は今でもこの発問の迷い道にいて、そのことを忘れることができない。つまり、教材が私にひっついて離れてくれないのだ。「ひっつく」と言うよりも、あるきっかけによって問いが背後から私に襲いかかってきて、授業のことを思い出すのだ。

ところで、同じ「迷子」と言っても、「授業の過程での迷子」は「幼い子どもが遊園地やショッピングモールで親と離れて迷子になること」とは、大きな違いがあると学生Bは述べる。つまり、「幼い子どもが迷子になる」のは、「いつの間にか親がどこへ行ったのか分からなくなってしまって、自分がどうしたらいいのか分からない。ただただ焦りや不安が募っている状態」である。

しかし、「授業の過程での迷子」というのは、「自分は迷ってしまうだろう」とうすうす分かりながら、その迷い道へと足を踏み入れていく。「絶対に、これだ」という確信がもてないまま「分からない世界」に入り込んでいく。納得できるような「解」を手中に収められずに授業が終わることもあるが、ムダな時間を過ごしたとは思わない。

それどころか「見つけ出す過程で必死に考えた」「あれほど考えて辿り着いたのがここだ」という自負が生まれて、胸を張ることができる。言い方を変えれば、そのような自負をもちたくて、「迷子」にさせられる授業を楽しんでいるというのである。

学生Cは、「ガイドの後を付いて歩くような授業」は自分に何も残してくれないと、その味気なさを次のように指摘する。

> 問題にぶつかったとき、確かにガイドさんがいて正しい答えへ導いてくれたら、それは楽で助かるかもしれない。しかし、助かったと思うのは、ただそのときの一瞬だけだろう。その先に何か影響したり、生きる力がついたりもしない。
>
> 私自身、実際に道を歩くときにいつも感じることなのだが、誰かに連れて行ってもらった道は、全く記憶に残らず、二度目にその土地へ行っても、絶対に迷ってしまう。一度行った場所なのに、何で全然分からないのだろうと不思議に思うくらいだ。
>
> しかし、地図を見ながら何度も迷って行ったり来たりしながらも目的地に着けたという

記憶は絶対に忘れないものである。学習もこれと同じなのではないだろうか。迷うということは、ありとあらゆる情報が頭の中を駆け巡っていることなのだ。途中で邪魔な情報が入ってきたり、思わぬ落としどころを見つけたり、そういう状況だからこそ、さらに前に進みたくなるのである。
そして、再び迷ったとき、あれこれの経験がたぐり寄せられ、自分の思考に新たな道ができるのである。考えて迷うことで、頭の中にどんどん思考の地図を広げていく。その作業がまさに学びなのである。

なんと的確な指摘であろうか。ガイドに頼って歩いていくような授業、つまり、テキストを逐一読んで説明を加え、それをノートさせていく講義は、坦々としたペースで進んで行って、理解が深められている気がする。しかし、後になってふりかえってみると、思索したはずのことはよみがえってこない。「思考の地図」は、考えて迷い、迷って考えるという体験を繰り返すことで、ゆるぎないものとなっていくからである。
「迷う」ことを重ねることの大きな意義について、学生Dは次のように指摘する。

一本道しか歩いてこなかった人と、たくさん迷って多くの分かれ道のある道を歩いてきた人では、分かれ道が多い人の方が理解の質も高いし、柔軟にものごとに対応できると考える。

「迷う」ということ、「分からなくなる」ということは、子どもの理解を深め確かなものにするために欠かせないと感じる。

＊＊＊

私たちが問題と真っ正面から向き合って追究心をかりたてられるのは、問題がトゲのように突き刺さって、抜き去ろうとしても簡単には抜けなくなったときではないか。私にはそのように思える。

とするならば、学生の学修の能動性は、中教審が挙げるような授業形態を導入すればおのずと生まれるものではない。大学教員が腐心すべきは授業形態などではなくて、問題を鋭く突きつけてその認識を激しくゆさぶっていくアクティブ・ティーチングの研究である。どのような教材であっても、学び手を「迷い道」に誘い込み、その内面を忙しくさせる。このことを授業の眼目に置いて、私は授業力を高めていきたい。

付記すれば、「アクティブラーニングへの飛躍的充実」は、高等学校以下の学校の新学習指導要領においても明示されることになっている（中教審答申「新しい時代にふさわしい高大接続の実現に向けた改革の方向性」２０１４・平成26年12月）。

動詞「ぶつかる」の世界

──吉野弘と授業「冷害について」

近年、吉野弘さんの詩(「夕焼け」「祝婚歌」その他)が、多くの人たちに読まれている。『クローズアップ現代』(NHK2015・平成27年1月27日)は、その背景を探った。スタジオに招かれた和合亮一さんは、次のようなことを述べた。

──東日本大震災の後からと言っていいように思うが、辛い思いをしている人たちを受けとめて、手を差し伸べる人たちが増えてきている。しかし、どうすることもできないときがあって、そういうときは、いたたまれない気持ちを抱くことになる。吉野弘さんの詩に多くの人が心を引きつけられているのは、自分のもつそういう弱さや、いたたまれずにいるときの自分が、鏡のように写し出されているからではないか。

和合さんはまた、「詩」という漢字が「言」のとなりに「寺」が付いていることにふれて、次のようにも述べた。つまり、詩というのは寺子屋のように、たくさんの人が詩のまわりに膝を突き合わせて座り、自分の人生や思いについて心をひらいて語りあう場ではないかと思う。

福島県で高校教師を務めながら詩を書きつづける和合さんならではの指摘で、私はあらためて吉野弘さんの詩に向き合った。

＊＊＊

吉野弘さんの数多くの詩のなかに、「動詞『ぶつかる』」という変わった題名の詩がある。50年以上前のことであるが、「日本で最初の盲人の電話交換手」となった女性のインタビュー番組があった。番組は彼女の通勤について、出勤第一日目は母親が付き添ったが、次の日からは毎日一人、満員電車に乗って1時間あまりの道のりを通勤していると伝えた。

アナウンサーが「朝夕の通勤は、大変でしょう?」と聞くと、「ええ、大変は大変ですけれど、あっちこっちにぶつかりながら歩きますから、なんとか……」と彼女は話し始めた。「ぶつかりながら……ですか?」と同情して問い返すと、彼女はほほえんで「ぶつかるものがあると、かえって安心なんです」と答えた。吉野さんはハッとして、このことからひろがった思いを「動詞『ぶつかる』」という詩に詠うことになった。

私は何かによほど気が奪われて歩いていないかぎり、物や人にぶつかることはない。階段を踏み外すこともない。しかし、道端には電柱がはみ出ていたり、通りすがりの人がバッグで身をこするようにすり抜けていったりするので、注意を払っていないといけない。目の不自由な人を見かけると、何かにぶつかったりつまずいたりしないかと、こわごわ歩いているように見える。しかし、彼女は「ぶつかるものがあると、かえって安心なんです」と笑みを浮かべて言う。「ここに、こんなものがあるんだ」と、目の見えない自分に差し伸べられた「ありがたい道しるべ」が「ぶつかる」であった。

吉野さんは書く。《人と物の間を　しめったマッチ棒みたいに　一度も発火せず　ただ通り抜けてきた私　世界を避けることしか知らなかった私の　鼻先に　不意にあらわれて　したたかにぶつかってきた彼女　（中略）　動詞「ぶつかる」が　そこに　いた　娘さんの姿をしてほほえんで》

盲人のこの彼女、それは**【動詞「ぶつかる」】**で、**【動詞「ぶつかる」】**が盲人電話交換手の娘の姿をまとって、ほほえみを浮かべながら、テレビ画面からドスンと自分にぶつかってきた。このときに覚えた衝撃を、このように表現する吉野さんである。

この詩は路上で「ぶつかる」ことを語っていきながら、毎日の生活の中で生じる様ざまな「ぶつかる」に、私たちの目を向けさせていく。なぜなら、盲目の彼女が日々ぶつかっているのは、道端に置かれている物や通りすがりの人だけではないからだ。仕事をしている節々で、目の見える人と比べられて「きつい言葉」がぶつけられる。過剰な同情を寄せられることもあって、そういう度の過ぎた同情も「ぶつかる」の変形と言っていい。

私たちの日常にもある、様ざまな場面での「ぶつかる」をありがたいこととして受けとめ、それが生きるということだと述べる日本で最初の盲人の電話交換手。それは、私にとっても思いもよらぬ出遭いであった。

＊＊＊

37年ほど前（1979・昭和54年12月）になるが、私は「冷害について」という授業を5年生に行った。授業は宮沢賢治の詩「雨ニモマケズ」を音読し、そこに「夏ノ暑サニモマケヌ」と「サムサノナツハオロオロアルキ」の2つの夏が書かれていることに気づくことから始まる。暑い夏休みを毎年体験している千葉の子どもたちにとって、「夏＝暑い、冬＝寒い」で、「寒い夏」の実感はない。どのくらい寒いか、１９３４（昭和９）年6月から9月の青森の日別気温変化をグラフで確認すると、7月中旬でも15度くらいで、日々の気温の変動が激しかった。「サムサノナツハオロオロアルキ」と書かれている。人びとがオロオロ歩くのは、低温がつづいて米の収穫が悪くなるからだけではない。育ち盛りの子どもたちは腹を空かせて体操中にバタバタと倒れ、ドングリやイナゴで腹ごしらえをした。日銭を稼ぐために働きに出されていったし、娘は身売りされた。「サムサノナツ」は、生活を狂わせる冷害が襲来する予兆であった。

「雨ニモマケズ」の音読から始まった授業は、このように、賢治の生きた昭和初期の冷害の実情を当時の新聞（ＯＨＰ）で目にする歴史の授業に変わっていた。

私はここで東北地方の地図を示して、冷害が起きやすいのは太平洋側か日本海側か尋ねた。挙手で確認すると、（Ａ）太平洋側と考える子どもが8人、（Ｂ）日本海側に起きやすいと考える子どもが33人である。（Ｂ）と考える理由は、太平洋側から吹いてくる暖かい風が奥羽山脈で妨げられ、日本海側には吹いて来ないことである。「賛成ですか」と聞き返すと、「はい」と賛同する声が威勢よく上がった。（Ａ）の意見を聞いてみると、なかなか口を開かずにいたが、「さっき、年表や新聞記事で見たら、なんか岩手県のほうが被害が大きかったから」とその理由が述べられた。

夏の気温が高いのは、果たしてどちらなのか。地図帳の「8月の等温線」で確かめさせると、「太平洋側」という声が出るが「あれっ！」というつぶやきも聞こえてくる。「太平洋側が高いの？」と聞き直すと、「う」「う」「うん」と頭をかしげる声がして、「日本海側のほうが高い」とかぼそい声が出始めた。「ほんと？　日本海側のほうが高いの？」と念を押すと、「はい」と弱々しく答える。ＯＨＰで「24度の等温線」を一緒にたどって、あらためて「8月の気温はどちらが高いの？」と尋ねると、「日本海側」と小声で口にする。そして、「あれ、おかしいんだね」とつぶやく声も漏れてきた。

「24度の等温線」は太平洋岸では仙台を通っていて、日本海岸では青森から北海道の渡島半島まで北上している。もう一度、夏の気温はどちらが高いか聞いてみると、ようやく全員が大きい声で「日本海側」と言って、「冷害は太平洋側に起きやすい」という認識に落ち着いた。

子どもたちのその後の動きは素早かった。太平洋側で夏に気温が上がらなくなるのは、なぜか。その原因を地図帳から見つけるのに、時間はかからなかった。

授業後に書かれた感想を読むと、「冷害は日本海側に起きやすい」と自信満々であった子どもたちが、思い込みがひっくり返されたその衝撃を生々しく書いていた。

○半分以上が、日本海側に、手を上げました。ぼくもその一人です。しかし、しらべて見てビックリ。なんと、実は、太平洋側の方が多かったのです。とても勉強になりました。
○冷害の多い地方は、私は、てっきり、日本海側に多いと思っていましたが、それが、資料でしらべたら太平洋側に多いとわかりました。
○冷害や凍害は、太平洋側より、日本海側の方が、多いと思っていたが、それがぎゃくになって、太平洋側の方が多いということがわかりました。
○はじめは、日本海側の方が多いと思っていたのだけれど、本当は太平洋側だとしっておどろきました。私の予想ははずれてしまいました。でも、「餓死風」とか「山せ」などのことばをおぼえられてとてもよかったです。

＊＊＊

この授業は、一言で言えば、思いもよらない「ぶつかる」を次々に体験する授業であった。社会科の授業が詩「雨ニモマケズ」を読むことから始まって驚いたし、「冷害のなまなましい実態」が当時の新聞記事から目に飛び込んできた。そして、「夏の気温は日本海側のほうが低い」と思っていた認識はガタガタと崩れていった。

大方の授業では、教科書の記述などによって冷害が太平洋側に起きやすいことが知らされ、その原因が千島海流とヤマセにあると説明される。そうして教えられた知識は「冬の日本海側は降雪量が多くて寒さが厳しい」という日ごろの気象情報が強く耳に残って、「日本海側は年じゅう寒い」という認識に座をゆずってしまう。

このミニ授業を、私は毎年学生にしてきているが、どの年も学生の8割以上が「冷害は日本海側に起きやすい」と固く認識している。小中学校で自分の〝芯〟と「ぶつかる」ことなしに覚えた知識というのは、どこにもその跡形を残していない。

自分の〝芯〟と真っ向からぶつかり、教師や友達ともぶつかった挙句に手にすることになった知識は、簡単には剝がれ落ちていかない。冷害は、てっきり、日本海側に多いと思っていましたが、それがぎゃくになって、なんと、実は、太平洋側に多かったのです。――こういう思いで「冷害」と向き合う機会をもたせたい。

アクティブ・ラーニング
――〝足し算〟をしつづける人生

欽ちゃん（萩本欽一さん）は高校を卒業して、お笑いの道に入った。坂上二郎と組んだ「コント55号」で人気を博し、その後も高視聴率のテレビ番組をつくりつづけてきた。

一昨年73歳になって明治座の舞台を引退すると、1年間、高校の英語の教科書を手に英単語3000個を覚え、「小論文で使えたらいいな」と思う漢字100個を覚えて、駒澤大学仏教学部の社会人枠入試に臨み、見事に合格した。この年齢になって、どうして大学生になろうと考えたのか――。

今、ぼくが直面している難題は、いろんなことをどんどん忘れていくこと。忘れるっていうのは引き算だから、その分、何か新しいことを足し算していけばいいんじゃないの？　だったら勉強するのが一番だよって。／大学では、若い学生や先生たちから、いろんな刺激を得られそうで、楽しみです。今までとはまったく違う環境に飛び込んでいくわけだから、いろんな新しいことが見えてきたり、教えてもらえたりするんじゃないかな。自分がこれからどんな新しいことに出会っていくのか、今からとっても楽しみです。（『ばんざい　またね』ポプラ社）

年老いていくと、知っていたことがなかなか思い出されず、忘れ去っていることに気づく。

それはいたしかたないことだと、時の流れに身を任せて過ごす人は少なくない。欽ちゃんは、引き算されて頭脳に隙間が空いていくならば、勉強して新しいことを〝足し算〟していけばいいと言う。この「算数」はとても分かりやすい。

あるとき教室で話した女子学生は、とても笑顔が素敵だった。「卒業したら、人の世話をする仕事がしたい」と言うので、「あんたが、おばあちゃんの面倒をみてくれたら、おばあちゃん喜ぶよ」と声をかけると、泣き出してしまってビックリした。大人の人に認めてもらったのは初めてのことで、うれしくなってこぼれ落ちた涙であった（インタビュー「遠回りしようよ」朝日新聞・平成27年7月11日）。

欽ちゃんが大学で始めていること、それは自分への〝足し算〟に止まらない。学生の未来に向けてのさりげない、なにげない〝足し算〟もこうして行われている。

＊＊＊

浜文子さんの詩「おそと」は、次のように始まる（『母になったあなたに贈る言葉』清流出版）。

おそと　おそと　と　あなたはせがむ
おうちの中の　見慣れたものは　もう　あなたを　わくわくさせない
おそと　おそと

この詩に寄せて、浜さんは語る。――子どもは本当に外遊びが好きです。どんなに風の強い朝も、小雨がパラパラとやって来そうな夕方でも、子どもには、とにかく外に出かけたがる時期があります。自分の手足を使って探索する自由、触れたいものを目がいち早く捕え、そこに向けてまっしぐらに進んでいく楽しさ、面白さは子どもにとって、どんなに大きいものでしょう。

幼子が親にせがむ「おそと！」というのは、「家の外」という場所を指しているのではない。戸外の〝ひらかれた世界〟を指し示す。風が強ければ強いなりに、小雨が降りそうであれば降りそうな気配のなかで、「おそと」のその外気を吸い込み、目に入るものに触手を伸ばして〝足し算〟を楽しむ幼子である。考えてみれば、私たちは誕生してからずっと〝足し算〟をつづけて成人となっていく。乳児のころは、身のまわりに在る一つひとつを珍しげにながめ、手に取って舐めたり嚙んだりもして探索を重ねた。「おそと」にあこがれるアクティブ性は、誰もが生まれながらにそなえもつ本性である。

なぜ学校に通うのか――。いろいろな言い方ができるであろうが、子どもの視点に立つならば、「おそと」の世界を教師の手で限りなくひろげてもらうためであろう。友達と語り合ったり書物を読んだりして、知らずにいた世界へ窓がひらかれていく学校でもある。

＊　＊　＊

私たちが何かを「知る」、何か「行為する」ということの源流には必ず「共感」があって、「学ぶ意欲」も「する行為」もその「共感」から湧き出してくる。佐伯胖さんは、「共感」が宿している〝息吹く力〟に目を向ける（『共感―育ち合う保育のなかで』、ミネルヴァ書房）。

私たちが学校で勉強するのは、「裕福になって、ラクな暮らしができるようになるため」ではない。世界中に居る「あなたが目を向けてくれるのを待っている人たち」に「共感」をおぼえて、「学ばないではいられない」衝動に駆り立てられる。その高揚感につつまれることを望むからである。

科学や文芸や美を探求しようと思うようになるのはなぜか。その端緒についても、次のように佐伯さんは述べる。「あなたが心を寄せて、『いまだ知られていないこと』を『知られるように』してくれるのを待っている」のは、身のまわりの人びとばかりではない。自然界の物事もそのような「まなざし」をもって見つめていて、『『知られることを待っている』世界と、親密に対話することで、科学の探求がはじまり、文芸の世界が創出され、『美』が紡ぎ出される」。

私は、この歳まで様ざまな「ものごと」に関心を持ってきた。一時的な関心で終えたことのほうがはるかに多いのだが、少しずつ少しずつ関心が高まって内面に根づくこともあった。長いこと眠っていたそれがあるとき目覚めて、突如、首をもたげてくることもある。私に募ってきたもろもろの興味や関心というのは、ふりかえってみれば、佐伯さんが述べるように、私に知られることを願って送られている「まなざし」に応えたものであったのだろう。

幼いときにせがんだ「おそと」も、外の世界の「私に目を向けて」に誘われてのことであった。「おそと」に出てみると、道端には石ころが転がっていて、こんなところに置かれているのはかわいそうだと感じて拾い上げた。持ち帰って空きカンなどに入れた石ころを、時折、取り出してはながめて過ごす幼児期は、誰にもあったにちがいない。

幼子が身のまわりの世界に共感して知っていく知り方は、佐伯さんの指摘するように、「自らの能動性の延長としての自己投入」によっている。したがって、「学校」は子どもの持って生まれたこの能動性に磨きをかけなければならないのだが、子どもの能動性は蓋をされて閉じられていく。知識というものは「自分とは離れた、どこか権威あるところで生み出され、権威ある人から『授けられる』類のものだ」と思わせられていく学校である。

＊＊＊

学年が上がれば上がるほど、授業で求められるのは「言葉を介しての理解」となる。伝達され覚え込まされる知識を、ゆっくり咀嚼していくゆとりなどは与えられない。次々と教え込まれる知識はそのままのカタチで留められていくが、時が過ぎてみるとその跡形を探し出すことは難しい。

「教える」とは、いまだ知らずにいる「未知の世界」に手を伸ばしてみようと、子どものアクティブ性に能動的にはたらきかけることである。そして、「学ぶ」ということは、幼い子どもが舐めて味わって噛みしめて確かめて関係をつくるように、知らずにいる世界を様ざまな力を借りながら自らの手で探索して、自分のものにしていくことである。

学校で「学ぶ世界」は、幼子が手さぐりで知ってきた「世界」と比べれば、比較のしようがないほど広くて深くて限りがない。教材が「私に目を向けて」とまなざしを送る世界に上手に誘われたとき、学び手のアクティブ性は冴えわたる。

「74歳の大学生」になった欽ちゃんは、述べる。――今のぼくは真っ白い画用紙の上に立っているようなもの。そこに筆を下ろすのは、僕じゃなくて、これから出会う大学の先生や学生たち。／彼らがそこにおいてくれる色や引いてくれる線を活かして、きれいな絵を描くのがぼくの役目でしょうね（前掲『ばんざい　またね』）。

「教える」と「学ぶ」の織りなす世界を、欽ちゃんはこのように認識して日々を過ごしている。

教室が現場となると、何かジワジワとかゆくなってくるという

「場の中の授業」はむなしい。予定にしたがってつつがなく片づけられて時が過ぎていく。意見の対立がさそわれて立ち止まり、さてどう考えたらいいかと知恵を絞る機会は設けられない。「現場としての授業」では、思いもよらないところで〝岐路〟が示され、どちらの道を選ぶか逡巡させられる。

子どもたちは知恵を絞って心に決めた道を歩きだすが、「この選択は、これでよかったのか」と気がかりになって、足取りが重くなる。ためらいためらいして歩を進めるのだが、この時間はけっこう居心地のよいもので、筋道立てて思索する〝足腰〟が鍛えられていく。「現場」というのは、「のっぺらぼうの時間と空間に切れ目」が入れられて生じる（小田実『われ＝われの哲学』岩波書店）。そういう「切れ目」が差し込まれた授業には緊迫感が走り、子どもたちは背筋を伸ばして教材に立ち向かう。

私の担当する社会科指導法の授業では、今年度もその後半に「人間って何だろう・店って何だろう・ゴミって何だろう・ゾウが江戸にやってきた・人間にとって最もたいせつなものは何だろう」の5つの授業を実施した。学生は「現場と化した教室」に身を置き、その楽しさをハ

ダで感じ、内面に生じることになった様ざまなうごめきに目を向けて授業の在り方を考えた。

＊＊＊

一連の授業をふりかえって書かれた学生の感想には、「よくぞ探り当てた」と言いたいほど、活きのいい指摘がいくつも見られた。たとえば、学生Aは「耳に入ってくる音」に着目して、次のように現場感覚をえぐりだした。

《教室が「現場」になっているとき、私は何も感じていない。教室が現場でないときは、とても雑音が気になる。いろいろな物音が耳につき、目があちこちをながめている。しかし、授業が「現場」になっていると、教師の発言やチョークの音、周囲の人の発言以外は何も聞こえず、視界に入ってくるものも、黒板と教師の目、発言している人の目以外は何も入らない。授業の時間がとても短く感じるのだが、その時間の重さは驚くほど重い。時間が圧縮されたような感覚になっている。》

あちこちから雑音が耳に入ってきて気もそぞろになりかけていたのだが、教室に〝現場〟の様相が漂いはじめると、それまで聞こえていた物音は嘘のように消え去る。時間感覚を喪失してしまうのは、〝時の重み〟が軽くなったからではなく、ぎゅっと圧縮され凝縮されて密度の濃い時間に身を置いたからである。

このように平素とは異なる体感が呼び覚まされる「現場」は、「ある衝撃が一瞬に訪れて」生じてくるというよりは、「何かジワジワとかゆくなってくるような、そんな感覚に陥る」ように訪れると言う（学生B）。

斎藤喜博さんが介入した授業「森の出口」の連写をあらためて見ると、むずかゆくなって思わずしぐさが動いたと読みとれる子どもの姿がある。私の行った授業「ゴミって何だろう」などで撮られた写真のなかにも、「ジワジワとかゆくなっている」子どもの表情が見られる。

学生Bは次週になると、その感覚を「ココロがムズムズしてくるような」感覚と言い換えて、なぜムズムズしてくるのかその原因をさぐった。《自分の中にある『あたりまえ』は、なかなかゆずることのできないものであり、子どもだって知らず知らずにもっている感覚です。そのう『なかなかゆずれないもの』が、少しでも疑問が出てくるようになったとき、認めたくないようで認めざるを得なくなったとき、ココロが段々ムズムズしてくるように感じます。そのためには、普段から子どもたちと地味なところでつながっていることがポイントです。》

つまり、簡単には譲り渡したくない「自分のなかのあたりまえ」、それは先入観とか思い込みと言ってもいいのかもしれないが、それが雪崩に見舞われたように崩れ落ちていく。「ムズムズ」はそのときの地すべりに近い感覚というのだろう。

授業力を磨こうとするとき、こういった皮膚感覚を基幹に据えて臨むことが大切である。そこで、最終回のふりかえりの質問では、次のことも聞いてみた。【「教室が〝現場〟になるとムズムズしてくる」という感覚、逆に言えば「身も心もムズムズしてきたときは〝現場〟に立ち会っている」という指摘を受けて、あなたの現場感覚を教えてください。】

＊＊＊

学生Ｃは「このジワジワという感じを、私も味わったことがあります」と述べ、そのように感じた授業は「どれも、先生が簡単に答えを教えてくれない授業ばかり」だったとふりかえる。そして、「自分の考えを言うが、なかなか認めてもらえない時などは、特に、体中がムズムズして胸が苦しくていてもたってもいられない」と述べる。

学生Ｄは「体や心がムズムズしたりモゾモゾしたくなったり、あちこちがかゆくなってくる感覚」が好きだと述べる。なぜなら、「自分がその授業内容に集中しようとしている。自分なりに入り込もうとしているということが、体の感覚から知ることができるから」だという。そして、その思いが高じると「トイレに行きたくなる」とも付け加える。

学生Ｅも「私もその気持ちはわかります」と述べ、それは「なんか心の中がかゆくなってくるような感覚、考えれば考えるほどかゆくなって仕方がないような感覚」だという。そして、「かゆくなる」というよりは「もっと心の底からジワジワと熱くなってきて、授業が終わる頃には腕まくりをして膝に掛けてあったストールをどかしているくらい体が熱くなり、その熱はしばらく冷めることがない」という。

さらに、「いつも授業が終わると、体が熱を出しているみたいで、でも具合は悪くなくて、不思議な感じです」と述懐し、まるで「心の底からジワジワと足音を忍ばせてやってくる何か熱を持ったもの」に襲われた感じだと教えてくれる。

こうして学生の実直な指摘に耳を傾けると、教室が「現場」になると、からだやこころがムズムズしたりモゾモゾしたりするばかりでない。胸が苦しくなるくらいに圧迫感をおぼえたり、熱を帯びた正体不明の何かに忍び寄られて居たたまれなくなったりもするようだ。

そして、ここで肝要なのは、そういう事態に陥ることはけっして嫌がられていないということ、それどころか、授業にのめり込もうとしていることが手に取るように分かって気持ちが高揚してくるということである。

＊＊＊

「喉が締めつけられるような、熱を持ったような、何かが詰まっているような時に現場だと感じる」と述べる学生がいる（学生F）。

《言いたくても、言えない。まだ言うには早い。まだ、決められない。心の中が、グルグルと渦を巻いて、溢れそうになるのを必死に抑えている時の感覚だ。教室の誰かが発言した意見が私の考えと同じ時、その意見が誰かの発言や先生の発言によって効力を持たなくなってしまうと、自分が発言したわけではないのに、一緒になって悩んでしまう。教室の中には数十人いるが、その誰かと席が隣でもないのに気持ちを共有してしまうのだ。それも勝手に、意識せず。やはり、現場には刻々と変わる感情が、人の数だけ存在し、それが共有されたり対立したり、相互作用を生みながら、その時にしかないものがある。それを全身で体験していると、心の中でいろいろな感情が生まれ、言葉として表わそうと喉元に迫ってくるのだ。》

つまり、一人ひとりの子どもの内面がゆれうごいて安定性を欠く「現場」では、それぞれの困惑が教室中にひろがる。その閉塞感を何とか吹き払って「場」に戻さなければならない。それは切実すぎる課題となって、突破口をさぐる言葉が喉元まで迫ってくる。

交通事故の現場に居合わせたときを思い起こしたい。思いもよらない出来事に遭遇すると、ハッとしてしまうが、次の瞬間には「何をしたらいいか、何か力になれないか」と頭を巡らせる。「自分ひとりで逃げ場のないところに突っ立っているような気がして」（小田実・前掲書）、居合わせた人たちと知恵を出し合って対処に当たる。授業に「現場」の様相が見られるときも変わりはない。教室には緊張感が走り、教師や仲間の発言を聞きもらしてはならないと耳をそばだて、脳みそをしぼり合う。

ところで、「教室が現場になる」ということは「授業が展開する」ということである。斎藤喜博さんは次のように述べる（『教育学のすすめ』筑摩書房）。

つまり、授業のなかに「教材とか教師や子どもの思考とかからくる矛盾」が起こり、「教師と子ども、教師と教材、子どもと子ども、子どもと教材のあいだに、対立」が起こり、「衝突・葛藤」が起こり、「それを克服した結果として、新しいものが発見されたり、ときには未知の不明のものがつくり出されたり」する。そのとき、その授業は「展開している」ということになる。

形だけの参加をして時を過ごしていく「場の中の授業」のむなしさは、「現場としての授業」を一度でも体験するとありありと分かる。《やってきて通り過ぎていく列車を見届けるときの「他人ごと感」が少なからずあった授業》が、《どこに向かっていくかは定かではないが、列車に飛び乗って旅に出てみようと心が動いていく授業》に転じる。

「現場になる」というのは、「何か、修学旅行に行ったときと感覚が似ている気がします。新しい場に行き、新しい自分に出会うことになるからです」。学生Gはこのように書き記す。

アクティブ・ラーニング
——先達の優れた実践のなかにヒントがある

大学の講義を「一方向的な知識伝達」から解き放とうとする提言は、「未来からの留学生」(15ページ参照)にとって願ってもないことである。この提言はまたたく間に小中高校の授業の課題ともなって、多種の「学習形態」を紹介してアクティブ・ラーニングを説く出版が相次いでいる。

ところで、提言のねらいは、学び手の能動性を引き出し得ていない「教える」(ティーチング)を改めるところにある。しかし、「一方向的な講義」(A)はそれなりのカタチとして在っていいが、それだけでは十分でないので、「別形態の能動的学習」(B)を導入して「(A)+(B)」スタイルへの転換を図る。——大づかみにすると、こういう論旨の書物ばかりで私は辟易している。

その点、田村学さん(文部科学省教科調査官)の『授業を磨く』(東洋館出版社)は、「学び手の能動性を引き出す『教える』」(アクティブ・ティーチング)を視座に収めて論じていて示唆に富む。

田村さんによれば、「反復系の手作業は減り、反復系の認識を伴う仕事までもが減少していく」21世紀の社会で求められるのは、「じっくり考えること、どれが適切かを判断し決断することなど思考を伴う」能力である。したがって、教師は「子どもが自ら課題意識をもち、その意識が連続発展する」ように努めなければならないのだが、そのような変容は「何もしないでじっと」待っていては生まれない。「したたかで、用意周到な」指導力があってはじめて起きていく。

「これまでの我が国における長き教育史に残る優れた教育実践、現在も行われている様々に豊かな教育実践こそがアクティブラーニングと考えるべきである」と田村さんは指摘する。つまり、「アクティブ・ラーニングの導入」という提言は、天から突然降ってきたような代物ではない。教育史に名を残している授業実践は、いずれも教師の卓越した指導力によって花開いたアクティブ・ラーニングの記録であるから、先達の「素晴らしい実践に学び、そのよさを確実に広げ、より一層の質的向上や面的拡大を目指す」ことが、21世紀の教育を担う教師の務めとなる。

＊＊＊

『総合教育技術』（２０１５・平成27年10月号・小学館）は、こんにちの時代の潮流を敏感に受けとめて、総力大特集「アクティブ・ラーニングの焦点」を組んだ。

同誌には、合田哲雄（文部科学省初等教育局教育課程課長）・佐藤学（学習院大学教授）・鈴木寛（文部科学大臣補佐官）の三者による特別座談会「アクティブ・ラーニングと学校教育の未来」があって、そこでの次のような発言は田村学さんの問題意識とぴったり重なる。

・佐藤学「日本には大正自由教育や戦後の新教育等の蓄積が地下水のようにあります。これをどう掘り起こして、次の新しい教育の創造につなげていくかということが重要です」
・合田哲雄「子どもたちに深く思考させるためのアクティブ・ラーニングは既に小学校で多くの蓄積があります。小学校における優れた「職人芸」を横展開したり、教科縦割りの中・高校にも広げたりする必要がある。学校現場にある様々な「宝」を掘り起し、教育界全体の共有財産にすることが必要です」
・鈴木寛「まず、教員自体がアクティブ・ラーナーにならなければいけないわけで、現場での実践をどうリフレッシュするかという真の学びが必要です」

ことに小学校の教師の場合について言えば、ウインドーに並ぶメニューのなかからどれを選ぼうかといった、客人の感覚で学習形態の導入を決めることは全くそぐわない。

そういう〝ウインドーショッピング〟の感覚ではなくて、時間がかかっても先達の優れた実践を読み込み、そのなかに「これだ」と思うような〝手あかのついた宝〟を見つけて取り入れる。そういう「アクティブ・ラーニング」を果敢に行うことである。

＊＊＊

優れた授業を展開していくために何よりも大切なことは、「クリアーで、かつ、質の高い授業イメージをもつ」ことだと田村さんは指摘する。

子どもの思いをくみ取ることの優れた実践、子どもの驚きをいつも生み出す実践、教室が笑顔で溢れている実践などに実地にまたは文献をとおして接し、「授業イメージ」をゆたかにもつことで、授業の質は高められる。何かと言うと、「授業のテクニック」が強調されることの多い当今、「授業イメージ」へのこの着目は的を射ている。

私は斎藤喜博さんをはじめとする優れた授業に感銘を受けてきたが、そこで用いられている技術やテクニックを一つひとつ真似てみようとする気持ちはそれほどなかった。ふわふわしたままであってもいいから「一つの授業イメージ」として内面に描き、目の前の教材をそのイメージでつつむようにして授業を創ろうと努めてきた。田村さんも、そのようにして授業の在り方を模索してきたのであろう。

短期大学の学生に私が力を注いでいること、それは「一方向的な知識伝達を脱する授業イメージ」を手にさせることである。しかし、学生に「質の高い授業イメージ」をもたせることはきわめて難しい。何しろ「教える」という体験がほとんどないし、小学時代から受けてきた授業のスタイルに身を浸してきているからである。

2年次前期の「教育方法」で、学生は今年も「教える」に向き合いつづけ、最後には『教える』からひろがる動詞のイメージマップづくり」に取り組んだ。学生が描いた「教える」のイメージを以下に挙げる。

・鳥が卵を孵すために、それぞれに適した温め方をする。
・空に撒いたエサを飛び立って食べるようにエサを宙に撒く。
・ジュースのように濃縮して搾りこんで生まれた意見を出させる。
・からまったコードをほどいていく。
・何通りもある道の中から自分に合った山道を登らせて、頂上に立たせる。
・舗装されていない道を歩く。
・破れないように丁寧に丁寧に和紙を張る。
・背中の痒いところを掻いてやる。
・頑丈な骨組みをつくる。
・小さな火種を必死に守って大きな炎にする。

鳥の孵化は保育や教育に関わりをもつ。しかし、教育の世界とはかけ離れた別の世界のことと感じられるジュースの製造、障子張り、大工仕事などが取り上げられると、「あれっ」と思わされるが、何とも言えない味わいがあって「教える」のイメージがひろがる。

＊＊＊

「教える」とは、――産み落とした卵からヒナが一羽一羽、元気に孵るように温めつづけること。エサを皿に乗せて「どうぞ」と分け与えるのではなくて、空に撒いて一散に飛びつかせて食させること。搾りきって濃縮したジュースのような、こくのある意見を練らせること。からまってこんがらがっているコードをほぐして用が足せるようにすること。ルートはいくつも在ることを示して、そのなかから自分の選んだ登山路を登って頂上を踏ませること。

そしてまた、「教える」とは、――道に石ころが転がっていたりぬかるみがあったりしていても、足元に気を配りながら歩き通させること。手が滑ると穴を開けてしまいそうな薄い障子紙を、気をゆるめることなく丁寧に貼っていくこと。手が届きそうなのに届かない背中の痒いところを掻いてやってホッとさせること。傾げたり倒れたりすることのないように、骨組みを据えて建物を構築していくこと。ほのかに点った火種が消えてしまわないように注意を払って燃え立たせていくこと。

学生の挙げた「教える」のイメージは、私の中にこうして住まうことになって、授業の場面場面で展開を支える力となっていく。

「授業案の読者は子どもである」ということ

斎藤喜博さんは『授業の展開』（国土社）の第4章「展開の組織」を、「授業案は、授業展開の青写真にあたるものである」と書き出す。そして、「よい授業案は必ずつぎのような要素を持っているはずである」と述べて、次の4つを掲げる。

① 第三者にも授業展開の意欲が湧いてくるようなもの
② 一つの独立した読みものとして、その授業の世界に読者を引き込んでいくようなもの
③ 第三者にも豊かなイメージが湧いてくるようなもの
④ 授業者を知らない人にも、その教師の人間とか、その教師の指導している子どもとか、学級とかが、生き生きとみえてくるようなもの

また、「授業案を書くにあたって、さらに心がけなければならないと思うこと」として、次の2つを付け加える。

① 何よりも自分のために書くのだと考えること（書くことによって自分との対話をし、自分の考えなり方向なりをはっきりさせていくこと）
② 子どもとの対話のある授業案を書くということ（授業案を書いているうちに、具体的な子どもがつぎつぎと飛び出してき、教師に話しかけたり、教師と問答をしたりするように書くこと）

授業案を書くにあたっての〝魂〟をこのように明らかにする書物は、他にはないだろう。授業の質の深さ・浅さは、授業案を見れば一目で分かる。そのことを思い知って授業案と向き合ってきた斎藤さんならではの、身の引き締まる指摘である。

武田常夫さんは境小で、授業案は「事務的な作業による事務的な文章であってはならない」と、斎藤校長に口酸っぱく言われた。授業案には「第三者が読んで、教師の意図が見え、展開が見え、子どもが見え、それに立ち向かう教師の強烈なねがいやおののきまでが息づいていなければならない。「それ自体が一個の作品としてのいのちをもっているようなもの」でなければならない（『真の授業者をめざして』国土社）。何度も何度も書き直しを求められ、教材ととことん向き合う武田さんであった。

ところで、『授業の展開』を読むと次のようなくだりがあって、それは私には分かりかねる指摘であった。つまり、「小説などの場合は、その作品の読み手は読者であるが、授業案の場合は読者が子どもである」というのである。

授業案は、授業者が自分のために描く授業の青写真である。したがって、その第一の読者は何といっても当事者である授業者本人である。次に加わる読者は、その授業案から示唆を得たり問題点を感じ取ったりして、授業研究に努める教師たちである。授業を受ける子どもたちが授業案の読者になるなど、ありえないではないか。

＊＊＊

短期大学の授業「教育方法」の一コマには、「授業を構想する」がある。授業に臨む前に教師が行う仕事、つまり教材を研究して解釈を深め、その解釈をふまえて授業案を練る段階を見据える時間である。

武田常夫さんは「私の授業案は今まで、どちらかというとスマートであった。スマートであろうとするための遊びがあった。授業もそれに対応した」と自らを率直に省みる。そのうえで、ようやくのことで到達することになった授業者としての境地が次のように明らかにされる。

「授業案には一行の遊びもあってはならない。スマートに見せるための一語もあってはならない。おのれが獲得したもの、子どもにいわずにいられないものだけでそれが埋められているのでなければならない」(「授業案をつくり出すまで」『授業の創造』明治図書)。

授業案に精魂を傾けてきた先達のこのような言葉を私は紹介し、古くから言われてきている「1教えるためには10を知れ」という教えに向き合わせる。この教えは、裏を返せば「10を知ったら9は捨てよ」ということである。授業で取り上げる教材にかかわっては、調べられるだけ調べて解釈をゆたかにしていくのだが、教材の輪郭が見えてきたならば、枝葉にあたる「9」は惜しみなく切り捨てる。教えたい「1」をくっきり浮かび上がらせるために、残りの「9」は潔く捨て去るのだ。

授業を構想するこの段階の仕事は、植木職人の剪定作業になぞらえると腑に落ちる。四方八方に枝葉が伸びてうるさくなったとき、その枝葉がばっさり切り落とされるとすがすがしい。樹木自身も同じ感覚をおぼえているにちがいない。思い切りのいい職人の剪定によって、樹木には生命力がみなぎる。

授業〝案〟では、授業の骨組みが「導入→展開→終末」の流れに乗せて書かれる。教室の様子が目に浮かぶように記述された授業案であれば、子どもの活きのいい発言を生かして追究が深められることになる。『授業の展開』で斎藤さんの述べる〝魂〟が心に沁みていくように、私は学生に語り届ける。

＊＊＊

多くの教師が気にかけることは、授業案を一定の形式のなかにはめ込むことである。しかし、肝心なのはそのような手わざではなくて、授業を構想するときの〝魂〟である。教育実習に出る前に居る学生は、そのまっさらな目で「授業を構想する」仕事を考え、たとえば次のように指摘する。

○「1を教えるために10を知れ」。こうしたひたむきな努力と「10を知ったら9を捨てよ」という勇気が教師に必要な力なのだ。
○授業案をつくらなくてはいけないと思いながら作業を始めると、絶対につくれない。自分は何を教えたいんだろう？　この作者はいったいどんなことが気になりはじめたのだろう？　ということが気になり始めたら、気づくと授業案が完成している。そういうものだと思います。

たしかに、教材の世界に身をひたして時をすごしていると、不思議なことに教材がいろいろと語りかけてくる。じっと耳を傾けて教材と語りあうその時間は、自分自身に問いかけてあれこれと考えあぐねる時間でもある。そういう時間にひたって教材と過ごしていると、授業の像はしだいにかたちを取ってくるものだ。

「教材研究とは、親鳥がヒナにエサを与えるように、教師自身が一度それらを飲み込んでから分かりやすい吸収しやすい形にして、子どもへ与えるということのようだ」と述べる学生がいる。エサをついばみながら日々成長を遂げるヒナのために、親鳥はエサ探しに飛びまわる。手ごろなエサが見つかっても、咀嚼が難しいと判断すれば、いったん飲み込んでこなれた状態に変えてヒナに口移す。教材研究には、たしかにそういう側面がある。

45分の授業の流れについては、次のようにイメージする学生がいる。つまり、「興行が前哨から始まってフィナーレを迎えるように、歌が前奏から始まって後奏まで一連の流れがあるように、万事繋がりをもってして深みが出るのを感じた」というのである。

学生は授業を構想するときのツボをこのように的確につかみ取って、教えてくれる。

＊＊＊

「授業案の読者は子どもである」と、斎藤喜博さんは指摘した。このことが気になりはじめてから、時がだいぶ経つ。授業の導入について、ある学生が次のように指摘していて、この問題を解き明かす糸口がつかめたように私は思う。つまり、「授業において導入とは、寝る前の子守り歌のようだなと思った。より良い睡眠のために心を落ち着かせ、寝る体勢を整える。導入もまさによりよい授業にするために教材の世界に導きいれ、授業を受ける体勢・気持ちに整えるのだ」という指摘である。

作曲家が楽譜を書く。その楽譜は演奏家に読まれ、指揮者に読まれて演奏される。楽譜は「演奏する者のために書かれた」と言っていいのだが、作曲家は自身の心に鳴り響く音の世界を多くの人たちに届けようと願って楽譜に書き留めた。そのように考えるほうがふさわしい。子守り歌は数々の作曲家によって楽譜に書かれ、また歌い継がれて今日に至り、母親はいとし子を眠りの世界にいざなうために歌う。その子守り歌は、寝つかせる母親のためにつくられたのだが、そもそもは、寝ついていく幼な子に届かんと願ってつくられたにちがいない。

授業案も子守り歌と変わるところはなかった。授業を受ける子どもたちに届ける贈りものとして書かれた。この原初の姿を私たちが忘れないように、「授業案の読者は子どもである」と斎藤喜博さんは書き記した。私はそのように思う。

子どもはどういうときに記憶を働かせることになるか

群馬県佐波郡島村の島小学校では、昭和２０年代後半（１９５２年4月）から30年代後半（63年4月）にかけて、斎藤喜博校長のもとで質の高い教育が展開された。その教育のゆたかさについては、斎藤校長の数々の著作や教師たちの実践記録、川島浩さんの写真集『未来誕生』、新藤兼人さんの映画『芽をふく子ども』、子どもたちの合唱曲集『風と川と子どもの歌』などで私たちに伝えられている。

島小教育の瞠目される諸点については、多くの教育研究者が論述し、同校を訪れた文化人もそれぞれの観点から、教育のもつ測り知れない可能性について指摘している。

「島小教育」の先駆性に学ぼうと志すならば、斎藤校長をはじめとする教師たちやその実践を目の当たりにした人たちの書き記すところに目を注ぐことが欠かせない。しかし、もう一つ別の立場から光が当てられないだろうかと私は思っていた。つまり、教育というのはいかなる場合であっても、教育する側と教育を受ける側が相対して行ういとなみである。したがって、教師や参観者の側に加えて、子どもの側からの「そのとき何を感じて、何を考えていたか」という指摘があってはじめて、教育の全貌に迫ることができると思うからである。

その点で、『事実と創造』（２０１２・平成24年６月号〜９月号）に連載された田島澄雄さんの「島小でのあのときこのとき〜私の通った学校〜」は、私にとって願ってもない貴重な資料となった。田島さんは１９５０（昭和25）年４月に島小に入学して「島小教育」の創始期を同校で過ごし、大学卒業後には小学校教師の道を歩み、今は千葉県環境学習アドバイザーを務めている。

＊＊＊

田島澄雄さんの文章群を読んで私は驚く。それは60歳を過ぎてなお、小学時代のあれこれを鮮やかに記憶していることである。

たとえば、入学して教科書を手にしたときの喜びを述べるくだりがある（同誌６月号）。国語の教科書を開くと「きんぎょをください」という文章があって、そこにある「を」は初めて目にする字であった。

——おらあには「と」のように見えた。でもちょっと違う。気がきいていて、ちょっとお姉さんの百合子ちゃんは「ち」じゃないかという。ほとんどの人は「と」ではないかということになったけど、なんとなく読みにくい。先生がなんて読むかみんな目を丸くして先生の口元を見ていた。

初めて出会うことになった「を」という字はどう読むか、１年生の子どもたちが頭をひねり合う。「ち」や「と」に形は似ているが、声に出してみるとどうもしっくりこない。先生の口元に目を注いで、「を」の読みを聞き取ろうと耳を澄ます教室である。

こうしたことを知ると、島小に通う子どもたちは、斎藤校長が着任する以前から、新しいものごとに対する好奇心をみずみずしく持っていたようだ。

田島さんの学級担任は、5年になると武田常夫先生に変わった。ある日、先生は次のような話をした（同誌8月号）。つまり、ある子が父ちゃんに手伝いを頼まれて、リヤカーを押していた。上り坂に差しかかったので一生懸命に力を込めたが、小さな自分がどれだけ役に立っているか分からない。そこで、そのことを確かめたくなって一瞬手を休めてみた。すると、父ちゃんが大声で「馬鹿やろう、しっかり押せ」と怒鳴った。うれしくなって、今まで以上に力いっぱいに押したという話である。

「この子は怒られたのに、なんで、うれしくなったんだろう」と先生に質問されると、皆、口々に喋り出した。田島さんはそのなかから、次の4つの発言を書き記す。

○怒られたっていうことは、自分が役立っていたという証拠です。
○怒らなくてもいいんじゃないか。
○優しく言われるよりも、お父さんがこの子を頼りにしていることが伝わってきます。
○一人の働き手として認めているんだと思います。

子どもというのは、学校時代に数えきれない回数の授業を受ける。ここに挙げられている場面は授業の中か、朝か帰りの時間でのことかは定かでないが、田島さんはこのときの先生のちょっとした話と、先生に問いかけられて意見を述べた友達の発言を、このように忘れずにいて60歳の年齢を迎えている。

＊＊＊

昨年の8月15日は、太平洋戦争が終結して70年であった。あの日の正午、全国の人びとはラジオの前に正座し、または直立不動の姿勢を取って、国民に直に語るという天皇の重大発表に耳を傾けた。大方の人が述べるように当時のラジオはガーガーと鳴って、天皇の言葉の逐一を聞き取ることは難しかったようだ。

しかし、その話しぶりや耳に入ってくる片言から「戦争に負けた」ことが察せられて、そのことは子どもたちにも伝えられた。10年前に出版された『子どもたちの8月15日』(岩波新書)には、当時4歳から12歳であった33名が、その日をどのように迎えたか60年前の記憶をたどって書き記している。

作家の角野栄子さん(当時10歳)は、疎開先で迎えた「8月15日の空は本当に青かった。あの青さは忘れられない」と書き出し、「その日は朝から大人たちの動きがいつもと違っていた」と文章をつづける。しかし、そういう大きな出来事が進行しているさなか、「自分に起きたある問題」が気がかりでならない角野さんであった。

戯画作家の山藤章二さん（当時8歳）の終戦の日は、「白」に覆われて記憶されている。「寺の庭の白く乾いた土、ラジオの台の白い布、肩で泣いた大人たちの白いワイシャツ、そして夏の空の白い雲……。白日夢のように白かった」。8月15日というその日は、こうして「白」を後景にして描かれることになった。

国会議員の河野洋平さん（当時8歳）は次のように書く。――ラジオが告げていることよりも、半ズボンに下履き姿の私の足に何匹もの藪蚊が喰らいついていたことのほうに私は気を取られていた。つい痒くて手を伸ばしてぼりぼりと掻いた。すると、誰かから「こら、動いてはいかん」と怒られた。厳粛さを強いられてラジオを聞いたこの日のことが、足にまとわりつく藪蚊との格闘とともに記憶される河野さんである。

漫画家の楳図かずおさん（当時9歳）は、放送が終ったあとの両親のことを記憶している。母が感情を露わにして「私は当然負けると思っていた！」と言ったが、父はずっと押し黙っていて、「なーんか変な会話」だと感じた。「親のやりとりで気になるシーンって、子どもって覚えているものですよね」と子ども時代をふりかえる。

生命科学者の中村桂子さん（当時9歳）には、天皇の詔勅をラジオで聞いた記憶がない。はっきり覚えているのは、夕飯のときに食卓の上の電灯がとても明るかったこと、ずっと電灯の笠を覆っていた黒い布がはずされていたことである。「部屋中に明りが広がった時の嬉しかったこと。戦争が終わったというより、この明るさの中で暮らせるのだという実感が私の8月14

日である」と書き記す。

梯久美子さん（ノンフィクションライター）は、太平洋戦争下で子ども時代を過ごした角野英子、児玉清、中村メイコ、山田洋次、倉本聰、五木寛之など10名に取材して、子どもの目に映じた「戦時下の生活」を覗き見た（『昭和二十年夏、子供たちが見た戦争』角川文庫）。「戦争について書かれた記録」のなかでは常に「脇役」に過ぎず「保護されるべき弱者」で、「歴史になんの影響も与えない存在」のように思われる子どもであるが、「戦争という日常」のなかにあって「見る」という行為を「全身で行っていた」。「脇役だからこそ見えるものがあること」にあらためて気づかされたと、梯さんは「あとがき」に書く。

そして、次のようにつづける。——大人たちが思っているよりもずっと鋭く、そしてこまやかに、子供たちは世の中を見ていたことがわかる。子供とは、時代が下がったとき、思いがけない歴史の証人となる存在なのである。

同書と前掲の『子どもたちの8月15日』を読むと、私もまったくそのように思う。子どもは幼いながらも、全身で鋭くこまやかに世の中を見ていて、見たことはしっかり心に刻んで年齢を重ねていく。とは言っても、身のまわりに起きたことを何でもかんでも覚えるようなことはしない。ほとんどのことはきれいさっぱり忘れ去って、自分のそれまでとそれからを画することになった出来事のみを記憶に留めて残していく。

1945年の8月15日は、それまでの人びとの暮らしを断ちきる特別の日であった。であるからこそ、大人はもとより子どももまた、その日のことを忘れ去ることなく脳裡に刻んだ。東日本大震災を経験した子どもたちが、その「傷を癒し、いつの日か、自分たちが見たものを次世代に語る日が来ることを願わずにいられない」と、《あとがき》を結ぶ梯さんである。

＊＊＊

小学校の教室で起きる一つひとつのことは、歴史上の大きな出来事と比べれば、比べようのないほど小さい。よほどのことでないかぎり、日常のなかに埋もれて忘れ去られていく。田島澄雄さんは、島小で過ごした6年間のなかで忘れずにいる出来事の、ほんの一つかみを、ついこの間にあったことのように書き綴った。「を」の読み方が分からなくて考え込んだそのときも、武田常夫先生の話をじっと聞いて頭を働かせたそのときも、田島さんにとっては、日本の歴史の上で「8月15日」が特記されると同じように、気づいてみると身を引き締めて臨んでいた「忘れられないとき」であったのだろう。

そのときの教室はいつもと異なる空間に打って変わっていただろうし、そこに流れる時間はそれ以前ともそれ以後とも違う流れのなかにあったのだろう。そういう特記される「現場」が島小では数多くあったことが、教師の実践記録などから知られる。川島浩さんの写真集には、葛藤の渦中に身を置いて自らと格闘する子どもたちの瞬間が写し撮られている。

「転」と「展開」
——文章のなかで起きる「現場」、授業のなかで起きる「現場」

伝えたいことはどのように書けば、読んだ人にしっかり届いていくだろう。エッセーを書きつづけるようになってから、私は文章の組み立てやその構成に気を配るようになった。

鶴見俊輔さんによれば、文章を書くときに心得たいことは「誠実さ・明晰さ・わかりやすさ」の3つである（『文章心得帳』潮出版社）。鶴見さんの言う「誠実さ」とは「紋切り型の言葉に乗ってスイスイ物を言わないこと」で、「普通の光らない言葉」を「自分流に新しく使う」ことである。「自分が生まれた時から聞いてきた言葉、ずっと使い慣れてきた言葉で書いてゆけば、自分の肉声をそれに乗せること」ができるからである。

「明晰さ」とは「そこで使われている言葉を、それはどういう意味か、と問われたら、すぐに説明できるということ」であって、もし言葉で説明がむずかしければ、身振りで説明できればいい。

そして、「わかりやすさ」は「特定の読者」に対してわかりやすいということで、その読者は「自分」であってもよい。「自分の内部の発想にはずみをつけていく」と、「そのうちどんどんはずみがついてきて」、ものごとがはっきり見えてくる。そのようになれば、少なくとも

「自分にとっては、いい文章を書いている」と言える。何かの文章を読んでいて、思いつくことが次々と出てくるならば、それはいい文章を読んでいると考えていいとも言う。

鶴見さんのこの教えを旨として、使い古された紋切り型の言葉を棄て、「こころに沁み込ませている他人の言葉」を大切にしながら、「からだをくぐらせた言葉」で気取らずに語りかけようと私は心がけた。

＊　＊　＊

文章を組み立てていくとき、私が気を配るのは「起承転結」である。「起承転結」が明確であると、文章には張りつめた緊張感が心地よく漂う。コップに注いだ水が表面張力で、あふれんばかりにふくらんでいくのに似ている。

私がとりわけ気にかけるのは、「転」での文章の転じ方である。「起」「承」と書き進められてきた文章を予想しない地点に放り出して、がらりと変わった光景をながめさせる。というよりも、その文章で書きたいことはそもそも「転」に置かれていて、そこでの記述が読み手の目を釘付けにするように、「起」から「承」への序盤を整えると言ったほうがいいのかもしれない。

走り幅跳びや走り高跳びに挑むアスリートは、より遠くより高く跳躍するために助走する。呼吸を整えながら助走してはずみをつけて踏み切ったときに、思い描いていたように弧が描かれて着地ができる。文章の組み立ては、それと同じことのように思える。

詩人の荒川洋治さんは「起承転結」について次のように語っていて、私のイメージするところと重なるところもあって教えられる（『忘れられる過去』『夜のある町で』（みすず書房）。つまり、「起」は文章の「スタート」で、それは朝になって起きようと思って目をあけると、もう朝が始まってしまっているような書き出しであるのがいい。「起」をうけて「波乱のないように、進む」ことになる「承」では、注意力をはたらかせて書き進める。

「転」は「これまでとはちがって、思い切り、飛躍する場面」であるから、「まったく関連のないほど遠くのことがら」に話をもっていく。これまで述べてきたことを「すっかり忘れるくらいに」跳んで、「はずみが過ぎる、収拾が不安になるほど」の「転」になるといい。ここで「強烈に跳ばない」と、「文章の輪郭がうすぼけ」てしまうからである。

「これまでの三つのパートを溶け合わせ、全体をまとめ」ていく「結」では、「自分の、つまり人間の力ではどうすることもできない」ことを敢えてする。「むずかしい」ことに挑む思いで、文章を結ばなければならない。

私が「結」で心を砕くことは、拙文が読み手にとっての新たな「起」となり、いつか新たに「承」が書きはじめられ、「転」が描かれて「結」に向かっていく。そのような知的な旅が始められるように閉じることである。

＊　＊　＊

授業をするとき教師は構想を練る。その構想は一般的には「導入・展開・終末」の3段階で組み立てられ、授業の「導入」は文章での「起・承」に、「展開」は「転」に「終末」は「結」にあたる。骨格がしっかり構築されていれば、その構造に支えられて子どもたちは学びを深め、「新しい自分」と思いもかけず出会うことができる。読み終えて心がみたされるときと変わるところはない。

斎藤喜博さんが力を注いだのは「教授学の構築」で、授業が依って立つ構造を明らかにすることであった。たとえば、教師があまり気に留めていなかった「最初の発問」の重みについては、「一時間の授業での最初の発問は、特に重要である。それは、野球でいえばピッチャーの第一球にあたるものであり、相撲でいえば立ち会いにあたるものである」と指摘した（『授業の展開』国土社）。そして、「最初の発問は、その時間の授業展開の核とか中心とかへせまっていくための布石、もしくは暗示として鋭く明確に出すべきもの」であって、思いつきの発問をして授業を始めることがあってはならない。そういう始まり方をする授業は、必ず「無方向になり、散歩的になり、平板になってしまう」と注意を促した。

斎藤さんが何よりも心血を注いだのは、授業のいのちとも言える「展開」の在り方であった。その著書『授業の展開』は、「授業展開の科学性と人間性・展開を保障する条件・展開の技術・展開の組織」の4章構成で成り立っていて、多層から多角度から「展開」に迫る。

ところで、「展開」という言葉は授業のみで用いられる専門用語ではない。たとえば、それは「眼下にまばゆい光景が展開した」と言うように「目を見張るような場面が示されること、示すこと」であり、「事件が意外な方向へ展開した」と言うように「停滞なく、次つぎに新しい方向や方針を打ち出すこと、打ち出されること」（新明解国語辞典）でもある。また「論争が激しく展開された」と言うように、「ものごとを繰り広げ、繰り広げられる」（明鏡国語辞典）場合にも用いられる。つまり、子どもたちを教材の世界に導き入れたあとには、それまで目にしたことのない「目を見張るような光景」に見入らせる。「展開」というのは授業を「思い切り飛躍させる場面」であって、子どもたちを教材の核心へ吸い寄せていく場面でもある。

平穏で安定していた教室に波風が立って授業が「展開」しはじめたとき、そこには何が生じているか。斎藤さんは次のように指摘する（『教育学のすすめ』筑摩書房）。

つまり、そこには教材とか教師や子どもの思考とかからくる「矛盾」が起こり、教師と子ども、教師と教材、子どもと子ども、子どもと教材とのあいだに「対立」が起こり、「衝突・葛藤」が起こっている。そして、それを克服した結果として「新しいもの」が発見されたり、ときには「未知の不明のもの」がつくり出されたりする。そのような緊迫した状況が「展開」と呼ばれるのである。

＊　＊　＊

教師が「授業案を練る」仕事は、書き手が文章を組み立てて構想を練るときとほとんど変わらない。教材の解釈を深めて、子どもが教材にどのように対していくかと思い描いて、「導入—展開—終末」の骨格を固めていくことになるからである。

しかし、教師の仕事は授業案を練って終わるものではない。それは、あくまでも前段階にすぎない。練りに練った授業案をふまえて授業に臨み、子どもたちから出される〝生まれたてのほやほやの発言〟を活かして、問いかけたり吟味したりして、〝授業という構築物〟の建築に取りかかる。それが教師の教師としての専門的な仕事である。

ひとりで〝壁〟にぶつかってみたナベタくん

２０１４（平成26）年３月17日は千葉県知事選挙の投票日で、選挙戦は現職と新人２人が立候補して行われた。今回は公選制に変わって１９回目の知事選挙であったが、千葉県民の投票率は毎回驚くほど低い。全国の「知事選挙投票率ワースト10」のうち、４つは千葉県が占めている。

なかでも１９８１（昭和56）年に行われた16回目のそれは、25、38％でワースト２。つまり、投票したのは有権者の４分の１で、新知事はその半数の票で選出されたために「８分の１知事」と揶揄された。

今回の選挙には争点がとりたてでなく、現知事の信任投票の感が色濃いために、ワースト記録が塗り替えられるのではないかと、危惧がひろがっていた。しかし、投票率は31、96％となって、選挙管理委員会はひとまず胸をなでおろした。とはいっても、投票に行ったのは10人中３人に過ぎない。残りの７人は投票所に足を運ぶことはしなかった。

＊　＊　＊

知事選挙にかぎらず国政選挙においても、また千葉県のみでなく全国のどの地域においても、投票率の足を引っ張るのは20代の若者である。小中高校の社会科や公民科では、民主主義の原理が教えられ、市民としての意識が育てられている。そのはずである。しかし、いよいよ主権者として政治に参画する身になった若者は、政治を冷めた目で傍観していく。

選挙で政治が善くなることはない。自分一人くらい投票しなくても結果は変わらない。誰が選ばれても同じである。――こういった一見もっともと言えそうな理由を掲げて選挙権を行使しない。これは社会科・公民科教育の敗北を意味する以外の何ものでもない。私はそう思う。

若者は学校教育から遠ざかって「生活のかかった日々」を送り始めると、たとえば知人に強く頼まれてみたり、仕事の便宜を図るには政治の力を借りなくてはならないと知ったり、生活が暮らしやすくなることを願ったりして、選挙に能動的に関わるようになる。その接点は身近なところに置かれすぎていて、教科書の掲げる選挙の理念からあまりにも隔たっている。

政治を軽蔑する者は、軽蔑されるような政治しかもつことができない。――トーマス・マンのこの言葉をかみしめたい。

私はこれまで数々の社会科教材をつくってきたが、とりわけ「選挙」に向き合わせる教材づくりが多かった。小学6年生の子どもたちに、そして間もなく選挙権を行使する身になる学生たちに、角度を変えながら行った授業は次のとおりである。

① 政治的無関心について（1981・昭和56年）

② 選ぶということ（1983・昭和58年）

③　この〈長い行列〉は何だろう（１９８７・昭和62年）
④　市長には他市民でもなれるか――地方自治のしくみ（１９９１・平成３年）
⑤　選ばれるということ――無投票当選について（１９９５・平成７年）

授業①②には気負いが強すぎて、私は子どもたちに堅苦しい思いをさせてしまった。しかし、『図説昭和の歴史』（集英社）のなかから選び出した「一枚の写真」とじっくり対面させて、写真が伝えるその日をともに生きる「この〈長い行列〉は何だろう」は、手ごたえのある教材となった。

その写真では、身なりを整えた男の人ばかりが、長蛇の列をつくって静かに並んでいる。いったい何のための行列か、好奇心がかきたてられて授業は幕を開ける。１９２８（昭和３）年2月20日、それは普通選挙法が成立してはじめての投票日であった。

25歳に達していれば、すべての男性が自らの１票を投じることができることになったこの日、投票所となったあちこちの小学校には、朝３時ころから人びとが並び始め、長い行列は午前中から見られた。大きく拡大されて貼られた白黒写真（１ｍ×１、64ｍ）の行列を見つめて、この日のもつ意味をかみしめたこの授業と教材の研究は、私にとって忘れることができない。

私は何日も県立中央図書館に通った。「長い行列」をつくって投票に出向く人びとは、どのような思いでこの日を迎えていったのか。その１月前からの新聞をマイクロフィルムでたどって、このときの人びとの思いに少しでもひたりたかったからである。

「1票を投じる日が来る」ということは、とても待ち遠しくて誇り高いことであった。人びとのその思いの一端はプリントされて、授業のなかで子どもたちにも伝えられた。8年後には「自分の1票」を投ずる身になる子どもたちは、授業後、次のような感想を書き記した。

○初めて選挙に行くことができるようになった人の気持ちが、今日勉強してよくわかった。ぼくも、20才になって選挙にでる事ができると思うと、すごくうれしくてたまらなくなると思います。
○私もあと8年で投票できる。投票できるときになったら、今日、やった授業は、私の未来のことに役立つと思う。
○自分たちで作りあげる日本だから、国の政治に参加できるのだから、できるだけ多くの人が、今でも初心（昭和3年）を忘れずに、行ってほしいです。日本のために。

＊　＊　＊

ナベタくん（仮）が行った「ある行動」について、私は高橋源一郎さんの論壇時評・オピニオン「ひとりで『壁』にぶつかってみる」（朝日新聞・平成26年2月28日）で知った。

２０１３（平成25）年の12月末に衆議院選挙が実施されたが、ナベタくん（仮）はどの候補者に1票を入れたらいいか見当がつかなかった。そこで、自分の選挙区（東京第25区）に立候補している候補者に会って、質問に答えてもらって参考にしようと考えた。たしかに、その選挙では新政党が次々に生まれて、主張の違いが分かりづらく、また所属していた政党を変えて立候補する者もいて、政見放送や選挙公報で候補者を絞ることは難しかった。

ナベタくん（仮）の動画報告「衆議院選挙第25区の候補者に会って質問できるか　やってみた」をインターネットで視聴すると、彼が候補者の人となりを探るために用意した質問は、次の5つである。

① 議員になって最もやりたいことを1つ挙げれば何になりますか。

② 世界で最も幸せな人と不幸せな人は、それぞれどんな人だと思いますか。

③ 1万円を元手に1週間でできるだけお金を増やしてくださいと言われたら、何をしますか。

④ 所属する党の考えが変わり、あなたの主張と相容れなくなったらどうしますか。

⑤ よい政治家を見分けるために立候補者に1つ質問するとしたら、どういう質問をしますか。

選挙事務所とアポを取ることから始められた「候補者に会って質問する行動」の結果は、はたしてどうなっただろうか。

○A党の担当者――スタッフから「時間が取れるか検討する」と言われたが、翌日電話があって「申し訳ないが時間は取れない」ということになった。
○B党の担当者――候補者が事務所にいる時間帯を教えてくれて、候補者はていねいに質問に答えてくれた。
○C党の担当者――スタッフから「個人の質問に答えている時間はない。マスコミじゃないんだから」と言われた。そして、「名前と住所を書いて」と言われてつい遠慮してしまうと、「名前も住所も書けないようなやつの質問なんて、どこの事務所も答えないよ」と叱責された。
○D党の担当者――スタッフから「本人がOKであるならば」ということであったが、その後、「党に確認を取ったところ、一般の取材はお断りしている」ということで拒否された。
○E党の担当者――スタッフから「検討する」と言われ、OKであってもNGであっても連絡があるはずであったが、3日経っても連絡はなかった。他党との苦い対応を思い出して断念した。

画像（14分22秒）は、それぞれの事務所の全景と候補者の選挙ポスターを写し、事務所と交わされたやりとりはテロップで紹介された。Bさんと会って答えてもらった9分間は、そのまま画像で流された。

「会って質問できたのは5人中1人、少しでも投票の参考になればと思って動いてみたのですが、こんな結果ですいません。最後に応対してくださったみなさま、本当にありがとうございました」――謙虚なこのような言葉で、動画は閉じられている。

＊＊＊

高橋源一郎さんは「『壁』にひとりでぶつかってみる」で、私たち読者に次のように述べる。

――この映像を見ていた者は、突然、この青年がぶつかって弾き飛ばされる「壁」の正体に気づくんだ。実は、その「壁」に、ぼくたちみんなが弾き飛ばされているってことにも。（中略）「ナベタくん（仮）」がやったのは、「考える」ための材料を人びとに提供することだった。彼が提供してくれた材料には、どんなマスコミも伝えられなかった、貴重ななにかが含まれている、とぼくは思った。そして、それを「ナベタくん（仮）」はたった一人で始めたんだ。

これからの日本の行く末を託すにはどの候補者がふさわしいだろう。主権者としての責任をしっかり果たしたいと考えて、選挙と向き合ったナベタくん（仮）であったが、その思いは嘲笑され冷笑された。声をからしながら選挙戦を戦っている候補者にとって、たったの1票にしかならない（もしかすると1票にもならない）若者、どのような質問をしようとしているのかその意図がつかめない一人の若者にかかずらう暇はない。そのように「厚い壁」は考えたのだろう。

ナベタくん（仮）のこの行動は、彼を10年くらい前に専門学校で教えた大塚英志さんのメールで多くの人びとの目に留まるところとなった。大塚さんは「本当におそるおそる、思いっきり腰が引けている。そこが実はとてもいいし、共感できる」と、彼の行動に拍手を送る。

『ナベタくんの選挙』が、さて、どこまで広がるか。広がらないかもしれない。それでも少なくとも、次もまた彼は一人で候補者に電話をして、断られたりしながらカメラを回すと思う」と述べて、大塚さんは一文を閉じる。選挙権が18歳になると与えられることになった今年、ナベタくん（仮）の投じた一石が若者たちにひろがることを願いたい。

＊「この〈長い行列〉は何だろう」の授業記録は『社会科なぞとき・ゆさぶり5つの授業』（学事出版）に、また「『壁』にひとりでぶつかってみる」は『ぼくらの民主主義なんだぜ』（朝日新書）に収録されている。

あとがき

アクティブ・ラーニングについて述べる文章に接するたびに、私は、その一面的な光の当て方に首を傾げてきた。授業というものは「学ぶ」と「教える」と「育つ（育てる）」という3つの営みが織りなして成り立っている。したがって、「学ぶ」という営みを考えようとするときも「教える」という営みが関わってきて、両者を切り離して語ることはできない。

授業・教育はそういうものであるのに、アクティブ・ラーニングを声高に主張する論者は、学び手に差し出す「学習形態」のみに関心を払っている。あたかも、ある種の「学習形態」を導入すれば「学ぶ」の質が高まるかのように説いていて、教師がそなえるべき「教える」の能動性については俎上に載せられない。もしふれることがあるとすれば、それはディスカッションをどのようにさせるか、グループワークをどうさせるかといった側面であって、そのために教師はファシリテイターとしての資質を磨く必要があるというような次元である。

教師はあくまでも「教える」専門家である。「教える」という営みは多岐のはたらきを擁していて、豊穣な「教える」がその場にふさわしく行われたときに、学び手は学びの場に身を置いている喜びを深くかみしめる。アクティブ・ティーチングがあってのアクティブ・ラーニングであることを、教師の身に在る者は忘れてはならない。

本書は、まず「学ぶ世界のゆたかさ」「教える世界のゆたかさ」「育つ世界のゆたかさ」の3章に分けて、ここ数年に書いたエッセイを載せた。しかし、「学ぶ・教える・育つ」は深くかかわって一つの世界を築いているので、あくまでも便宜的な章立てにすぎないことを理解ねがいたい。

たとえば、第一章の冒頭の『『み』という一字が書けるということ』を読んでお分かりいただけるように、「み」という一字が書けるようになって、らくがき場に飽くことなく「み」を書きつづけたS子の能動性は、近藤先生のねばり強い「教える」から生まれている。教育の世界はどの切り口から迫っていっても他の2面に必ずつながっていって、教え手と学び手は互いに学び合い教え合い育ち合う空間をつくり、そのような時間を共にすごしていくものである。

第4章は書名と同じ「アクティブ・ラーニング」である。この章に収めたものの多くは「アクティブ・ラーニング」への転換が強く打ち出され、識者の主張するところに耳を傾けて、気になって書き記すことになった文章群である。

拙書『学びつづける教師に——こころの扉をひらくエッセイ50』のなかで、私はサンデル教授が安田講堂で1000名の受講者に行った授業にふれた。あの3時間半、受講者のほとんどは黙していて、教授とそしてほんの一部の発言者が語るところに耳を傾けて、問題の核心に向かって脳みそを絞りつづけた。その密度の高い「アクティブ・ラーニング」は小手先の学習形態の導入があって生まれたものではない。教え考えさせたいことを明確にもつ教授が、学び手の発言を的確に吟味しながらゆさぶりをかけて問題点を鮮明にして、学びの世界に浸していく授業であった。つまり、「聴いて考えを深める」学びをアクティブ・ラーニングから外して論じることは避けなければならない。

一方向的に知識をただ伝達して覚えさせていく「教える」は、大学ではもちろんだが小中高校においても学ぼうとする意欲を萎えさせていく。能動的な学びを起こしたいのであれば、能動性を喚起する「教える」に目を据えて研究しなければならない。いま問われているのは「アクティブ・ティーチング」にほかならない。それが私の主張である。

なお、本書に収めたエッセイは『『現場としての授業』をつくるために力をみがきあう会」の会誌に掲載し、その後、『事実と創造』(一莖書房)に連載したものに加筆、補筆して生まれていることを付記する。

佐久間勝彦

平成二十八年四月

や

ら

わ

この本に登場する方々の索引

〈著者紹介〉
佐久間勝彦（さくま　かつひこ）
1944（昭和 19）年千葉県生まれ。早稲田大学第一政治経済学部卒業。同大学大学院修士課程（教育学専攻）修了。神奈川県川崎市立中学校に社会科教諭として６年間勤務したのち、1976（昭和 51）年より千葉経済大学短期大学部に勤務。
現在、千葉経済大学学長。千葉経済大学短期大学部学長。附属高校校長。
著者：『社会科の授業をつくる――社会に目を開く教材の発掘』（明治図書・1985）、『地域教材で社会科の授業をつくる』（明治図書・1987）『社会科なぞとき・ゆさぶり５つの授業』（学事出版・1992）『教師の感性をみがく』（教育出版・1996）『学級崩壊を超える授業』（教育出版・1999）『フィールドワークでひろがる総合学習』（一莖書房・2003）『教師のこころの扉をひらく』（教育新聞社・2006）『学びつづける教師に――こころの扉をひらくエッセイ 50』（一莖書房・2013）
現住所　〒 260-0031　千葉市中央区新千葉 3-12-1

アクティブ・ラーニングへ――アクティブ・ティーチングから

2016年 4 月20日　初版第一刷発行

著　者　佐 久 間 勝 彦
発行者　斎　藤　草　子
発行所　一　莖　書　房
〒 173-0001　東京都板橋区本町 37-1
電話 03-3962-1354
FAX 03-3962-4310

組版／四月社　印刷・製本／日本ハイコム
ISBN978-4-87074-201-1　C3337